Castellieu

260

LA RELIGION DES JESUITES, OU REFLEXIONS

Sur les inscriptions du Pére Menestrier, & sur les escrits du Pére le Tellier pour les nouveaux Chretiens de la Chine & des Indes, contre la dixneuviême observation de l'Esprit de Mr. ARNAUD.

Dans lesquelles on trouvera la défense de l'Esprit de Mr. Arnaud, *& un jugement sur la contestation entre l'Evêque de Malaga, les Jésuites & les Auteurs de la* morale pratique des Jésuites, *au sujet des Missionnaires des Indes.*

A LA HAYE,
Chez ABRAHAM TROYEL
Marchand Libraire dans la Grand' Sale de la Cour, M. DC. LXXXIX.

LA RELIGION DES JESUITES,

Ou Reflexions ſur les Inſcriptions du P. Meneſtrier, & ſur les eſcrits du Pere le Tellier pour les nouveaux Chretiens, des Indes contre la dixneufviême Obſervation de l'Eſprit de M. Arnaud.

VOUS n'eſtes pas malheureux, Monſieur, d'avoir affaire à des gens qui entendent à demi mot, & qui vous comprenent ſans que vous vous donniés la peine de rien dire. Vous nous envoyés la Lettre que le P. Meneſtrier a donné au public pour juſtifier les excés & les impietés. dont il s'étoit rendu coupable dans les inſcriptions du feu d'artifice fait ſur la place de Greve ſous le tiltre & ſous la forme *de Temple de l'honneur*, pour ſolenniſer l'érection de la nouvelle ſtatuë du Roy poſée dans la Cour de l'Hôtel de Ville. C'eſt moins pour nous dire votre penſée là-deſſus, que pour nous obliger à vous dire la nôtre, car vous eſtes dans un pays où l'on penſe beaucoup; on y parle peu, mais on voudroit bien y entendre beaucoup parler : pourvu que ce fût ſans témoins. Car c'eſt un crime où vous eſtes que d'avoir des oreilles, auſſi bien qu'une langue. Dans ce pays icy nous diſons à peu prês ce que nous penſons; c'eſt pourquoy nous voulons bien vous dire notre penſée ſur la piece du P. Meneſtrier. Vous aurés donc ce que vous demandés; mais vous aurés auſſi ce que vous ne demandés pas; car certain Auteur laſſé des inſultes & des outrages, que luy font les Jéſuites depuis quelques années, par la plume d'un de leurs confréres, s'eſt trouvé au bout de ſa patience, & l'envie luy a pris de vous dire ce qu'il penſe pour ſa juſtification. C'eſt là ſon affaire; mais la nôtre, eſt la piece du P. Meneſtrier. Cette piece ſi ſinguliere a porté mes reflexions ſur quatre objets différents; ſur la diſpoſition de l'eſprit des peuples; ſur la ſituation du cœur du Héros; ſur le caractére de la ſocieté; & enfin ſur le rare génie, & ſur la grande littérature du P. Meneſtrier.

Pour

Pour ce qui est de la disposition des esprits des peuples; J'ay été bien aise d'apprendre par votre Lettre aussi bien que par celle du Jésuite, que la liberté n'est pas encore tout-à-fait esteinte, & que l'Idolatrie pour le Roy portée au comble, n'est pas encore bien établie dans tous les cœurs; il y a donc des gens à Paris, qui osent penser, qu'on outre les louanges & les tiltres, qu'on donne à notre Monarque; qui croyent qu'il n'est pas Dieu; qu'il n'est pas *l'homme immortel*; qu'il n'a pas encore merité les honneurs divins; & qui même osent le dire. C'est une nouvelle qui nous a surpris. Ce n'est pas que nous n'ayons assez bonne opinion de la nation pour croire que tous les esprits n'y sont pas gastés jusqu'au fonds. Mais je vous avoüe sincérement que je croyois que toutes les langues étoyent esclaves. Et j'ay encore bien de la peine à croire que *Ces certaines personnes assés délicates* pour ne pas approuver les inscriptions du P. Menestrier se soyent fait connoître. Assûrément ce sont des voix souterraines qui sont venües sourdement aux oreilles du Pere: ou peut-être, c'est la voix de sa conscience, qui a lû sur les visages ce que tout le monde pensoit. Mais n'importe, de quelque maniere que cela ait été connu il suffit que cela est vray; que les François ne sont pas encore tous montés au point d'Idolatrie & d'Impieté où sont

Les peuples n'ont pas encore perdu en France toute idée de la liberté.

 arri-

arrivés, il y a long-temps les esclaves & les adulateurs de la Cour. Quand un feu n'est pas tout-à-fait mort, il n'est pas impossible qu'il se rallume lors qu'on luy donne de l'air : Ce petit germe de liberté, qui est caché dans le fonds des ames pourra quelque jour produire de bons effets, pour rompre le joug qu'on a posé sur nos épaules.

Souveraine complaisance du Roy de France pour les flatteurs & pour les éloges.

Le second objet qui s'est presenté à mes yeux, c'est la situation du cœur du Heros à l'honneur duquel, on érige ces statuës, on fait ces feux d'artifice, on compose ces inscriptions si superbes & si magnifiques. On dit en ce pays icy; il faut avoüer que le Roy est bien patient de souffrir de si grandes impietés, luy qui est si devot, si consacré à Dieu, & qui pour ruïner l'hérésie a mis son Royaume à deux doigts de sa ruïne. D'autres plus chagrins s'escrient : ne verrons nous jamais de fin aux statuës, aux inscriptions, aux arcs de triomphe, aux louanges, aux éloges, aux marbres, aux cuivres, élevés, dressés, gravés pour immortaliser un homme, qui mourra pourtant comme tous les autres? Si on mettoit toutes ces statuës debout, les unes sur les autres elles monteroient jusques aux nuës. Et qui coudroit tous ces éloges les uns aux autres, ils arriveroient jusqu'au Thrône de Dieu, où ils porteroient sans doute une odeur fort differente de celle du sacrifice de

Noë

Noë qui appaiſa la colere de Dieu. Ce Seigneur jaloux de ſa gloire ne ſçauroit voir ſans indignation ce que nous voyons avec une extrême douleur. Qui vit jamais tant d'excés ? Toute la terre a frémi à la lecture des Theſes des Minimes de Marſeille, où douze grands Articles, qui comprennent les principales parties de la Théologie commencent par douze blaſphêmes & par autant de *Ludovicus Magnus :* où Louïs le Grand paroît comme l'unique preuve, qu'il y a un Dieu ; que ce Dieu eſt autheur de la grace efficace par elle même ; qu'il eſt bon & juſte, qu'il a trois perſonnes en une ſeule eſſence, qu'il a créé des Anges, & qu'il les employe au gouvernement du monde ; qu'il y a des démons eſprits dechus de la pureté de leur origine ; qu'il y a une vie éternelle & un enfer ; que les péchés ſont une privation de la juſtice ; que la ſeconde perſonne de la Trinité s'eſt incarnée pour le ſalut du genre-humain : où les loüanges de la créature marchent à chaque article à la tête des vérités Chretiennes, qui tirent leur origine du Créateur : où le Roy eſt magnifiquement loué, pendant que les louanges de Dieu y ſont oubliées ; où Louïs le Grand eſt l'original de toutes les vérités céleſtes ; où il eſt mis au-deſſus des hommes & des Anges, où on luy fait une application profane de ces mots que le St. Eſprit

Theſes des Minimes de Marſeille.

avoit prononcés pour le Roy des Anges, *Mes ouvrages sont pour le Roy. Qui est ce Roy* ? C'est Louis le Grand, *le Roy de gloire fort & puissant en guerre.* Ce sont là des impiétés raffinées & d'un ordre inconnu à tous les siecles : mais le Roy les pardonne à cause des bonnes intentions. La statuë de la Place de la Victoire, sur la base de laquelle on a gravé *Uiro immortali* à l'homme immortel, & aux pieds de laquelle sont enchaisnées toutes les nations du monde, est un autre objet qui a frapé les yeux de l'Europe. Cette saillie a été jugée digne de celuy dont les plaisants de la Cour avoyent enfermé toute la cervelle dans une coquille de noix, qu'ils avoyent mise entre les raretés du Cabinet, & de la Bibliotheque du Chevalier de Fourille. Mais les hommages, qui ont été rendus à cette statuë par toute la ville de Paris, la feste, les inclinations ou plutôt les adorations, les lampes, & les feux ardents, ont paru aux consciences délicates, une Idolatrie toute pure, & enfin la complaisance que le Roy a euë pour ce culte a paru singuliere à ceux qui savent que les Roys sont devant Dieu des ombres & des images; moins que des ombres; que ce sont de vrais néants, que le personnage qu'ils joüent sur la terre n'est qu'un roolle de Comédie; que derriere le rideau ils sont beaucoup plus malheureux que les autres hom-

Statue de la place de la victoire.

Devoir des Roys par rapport à Dieu.

hommes : parce qu'ils s'en vont rendre à Dieu un conte qui feroit trembler la plus insensible & la plus morte de toutes les consciences, si elle le voyoit à découvèrt. Ils s'en vont chargés seuls souvent de plus de pechés que n'est un peuple entier. Ils s'en vont devant Dieu baignés & rouges d'une mer de sang qu'ils ont fait répandre dans des guerres injustes. Ils vont entendre clairement les voix d'une infinité de miserables qu'ils ont torturés sur les chevalets, qu'ils ont fait pourrir dans des prisons, qu'ils ont fait massacrer injustement, qu'ils ont exilés & auxquels ils ont arraché & femmes, & enfans, & patrie. Ils vont rendre raison de l'abus de tant de biens, & de tant de voluptés criminelles auxquelles ils se sont abandonnés. Enfin ils s'en vont rendre conte non seulement des pechés qu'ils ont commis & fait commettre, mais de tous ceux qu'ils ont laissé commettre; & cela devant celuy qui ne les regarde pas sous le Diadême, sous la Couronne & sous le Manteau Royal, mais sur leur poudre, sur leurs vers & sur leur cendre; qui les jugera avec plus de rigueur que tous les autres hommes. Ces pensées devroyent humilier les Princes Chretiens & les porter à expier tant de malheurs qui semblent être attachez à leur condition en se contenant dans les bornes d'une sainte humilité; qui en les aneantiſſant devant Dieu, ſolliciteroit ſon indulgence. Il n'y a point de tentation à l'orgueil ſi terrible, que les grandeurs humaines, & rien qui damne ſi ſeurement que l'orgueil. Il eſt comme impoſſible de conſerver l'humilité ſur le thrône; c'eſt pourquoy les Princes ſages & qui veulent ſe ſauver devroyent toujours être en garde du côté d'une tentation ſi forte & ſi dangereuſe. Le partage que Dieu leur a fait en ce monde, eſt, ce me ſemble aſſez beau. Ils s'en devroyent contenter. Il ne leur ſied pas bien d'entreprendre ſur le partage de celuy qui les a ſi bien partagés; Il n'y a pas de prudence à eux de ſe laiſſer donner le tiltre de *Grand* dés leur vie. Jamais Prince Payen ni Chretien ne l'avoit fait encore. Le Roy fait un exemple; & il eſt à craindre que celuy qui n'a pas rejetté le nom de Grand durant ſa vie ſoit jugé ne le mériter pas aprês ſa mort. Un grand Prince c'eſt celuy qui fait hommage de toute ſa grandeur à Dieu. Les peuples Chretiens ont encore un pied dans l'Egypte: & comme l'ancien Iſraël ils veulent des Dieux viſibles *Fay nous des Dieux qui marchent devant nous*. Ils adorent l'or & l'argent, ne fuſſent ils employés qu'à compoſer la forme d'un veau. Ils ſont frapés de la pompe & de la grandeur Royale, ils portent là tous leurs hommages. C'eſt pourquoy le premier ſoin des Prin-

Princes Chretiens, doit être de rompre le cours de cette Idolatrie, de faire retourner à Dieu ce qui vient de luy, & qui n'appartient qu'à luy; de peur que Dieu jaloux de sa gloire, ne brise & les Idoles & les Idolatres: on devroit se souvenir que Dieu n'est pas moins juste, que quand il abisma dans la mer rouge celuy qui disoit insolemment, *Qui est votre Dieu que j'obeïsse à sa voix:* que quand il fit descendre au rang des bêtes ce superbe Roy qui se glorifioit contre le ciel & qui disoit en regardant Babylone le raccourcy de son vaste empire; *C'est icy la grande Babylone & la gloire que je me suis bastie:* que quand il frapa sur le champ, & fit ronger de vers celuy qui écouta avec complaisance les acclamations d'une folle populace, qui luy crioit aprés avoir ouy de luy une méchante harangue, *C'est icy la voix de Dieu & non pas d'un homme.*

Prof. nation des Prédicateurs de France.

Voilà me dirés vous un vray morceau de Sermon: je l'avouë, & il faut que je m'en confesse. Mon imagination m'a transporté dans la chaire de ces indignes Prédicateurs, de ces lâches Prévaricateurs, de ces faux Ministres de Jesus-Christ, à qui on a commis le soin des ames pour les instruire des verités célestes & de leurs devoirs; & qui au lieu de cela les instruisent des grandeurs de leur Monarque & des hommages qu'on luy doit; qui dans les lieux les plus ſacrés & aux pieds des Autels répandent à pleines mains à l'honneur d'un Dieu de poudre & de cendre, un encens qui n'eſt dû qu'au Dieu de lumiere & de gloire : qui dans des chaires établies préciſement pour rendre hommage au Createur & humilier la creature en l'anéantiſſant devant Dieu, diſent tout ce qui eſt capable d'inſpirer à un ver de terre, le plus grand & le plus prodigieux orgueil que puiſſe concevoir un homme mortel : qui au lieu de ſauver les ames ſemblent avoir un deſſein formé d'empoiſonner & de damner celle de toutes les ames qui leur doit être la plus précieuſe : qui ne parlent que foiblement des grandeurs de Dieu, & n'employent pour le Roy que des expreſſions outrées & pleines d'excés : qui au lieu de conclurre leurs Sermons par des moralités vigoureuſes pour tuer l'amour propre, & embraſer l'amour de Dieu, les finiſſent par de longues apoſtrophes au Roy, à ſes tableaux, à ſa perſonne ou à ſon nom, pour effacer par leurs louanges énormes tout ce qu'ils pouvoyent avoir imprimé dans l'eſprit de favorable à Dieu. J'avoüe, dis-je, que mon imagination m'a placé dans une des Chapelles Royales, à la préſence de ce grand Roy, & que je me ſuis échapé à luy repreſenter ſes devoirs. Et bien m'en prend que ce n'eſt qu'une vaine imagination, & qu'aprés mon

mon Sermon je me trouve en pays de ſeureté ; car il feroit fort mauvais à Paris pour un tel Prédicateur : on l'enverroit preſcher aux ombres & aux manes de nos anceſtres. Dans l'humeur où je me ſens, aprés avoir pris la liberté de preſcher le Roy & ſes Prédicateurs, je ne ſçay ſi je ne preſcherois point la foule prodigieuſe de ſes autres flatteurs ; qui ne parlent, qui n'écrivent, qui ne compoſent des vers & de la proſe, qui ne font des harangues, des tableaux, des peintures que pour le Roy. Car la deviſe des Minimes de Marſeille eſt devenüe celle de tout le Royaume, *Dico ego opera mea Regi* je declare que tous mes ouvrages ſont pour le Roy. Et Orateurs & Poëtes & Juges & Magiſtrats & Avocats & Academiciens & gens de robe & gens d'épée, & artiſans & hommes de lettres, n'ont plus ni de langues ni de mains que pour un ſeul homme. Toute la nation eſt devenüe folle ou plûtôt lâche & eſclave. Et cela me paroît une conſpiration formée contre le ſalut & le bon état de la conſcience de ce grand Prince.

Mais trêve avec le ſtyle de prédication & retournons au Pere Meneſtrier, qui n'eſt pas grand Prédicateur. Il étoit reſervé à la Societé des Jeſuites qui ſçait raffiner ſur tous les crimes, de porter l'Idolatrie Françoiſe à ſon période : on avoit erigé des ſtatües au Roy,

Inſcription impie du feu d'artifice par le P. Meneſtrier.

on avoit rendu des hommages à ces ſtatües qui approchent fort des honneurs divins : on avoit fait profuſion aux oreilles de ce Prince, de cet encens précieux de la langue & du cœur, que Dieu s'étoit réſervé. Mais on ne luy avoit pas encore aſſigné ſans détour les honneurs divins : graces aux Jeſuites, tout eſt fait, Louïs le Grand eſt arrivé au dernier point.

Hac arte Pollux, & vagus Hercules
Innixus, arces attigit igneas
Quos inter ..... recumbens
Purpureo bibit ore nectar.

Voicy un *Temple* conſacré au Roy ; ce n'eſt pas ſeulement à ſa Majeſté, c'eſt à ſa *Divinité* ; ou à ſa Majeſté divine ; ce ne ſont pas ſeulement des hommages civils & humains qu'on luy rend, c'eſt la *Pieté* & la Religion & les vœux publics, qui entrent dans ces hommages : Et afin que perſonne n'en doute, voilà l'inſcription telle que vous me l'avez envoyée, telle qu'elle étoit ſur toute la friſe & ſur les quatre faces du Temple ; & non pas telle que le P. Meneſtrier l'a miſe dans ſa Relation imprimée, où il a mis le mot de *Monimentum* au lieu de celuy de *Templum*.

Re-

Regi Ludovico Magno P. P. Votis publicis
Devota, numini *majestatique ejus*
Civitas Parisiensis pia, *fidelis obsequens*
Memoriis observantiæ Templum.
D. D. C.

Estes vous d'avis, Monsieur, que nous déchargions le Roy de tout cela? Nous en ferons tout ce qu'il vous plaira. Mais de l'humeur dont nous le connoissons, il est assés curieux de voir tout ce qu'on luy destine; & tout ce qu'on prépare pour sa gloire. Sans doute tout cecy a été minuté & concerté à Versailles. Le Roy croit que Dieu luy a assés d'obligation des maux qu'il s'est fait à la ruine de l'heresie, pour n'être pas jaloux quand pour se dédommager il se laissera donner une petite partie de ce qui n'appartient qu'à la divinité.

On n'a aucun sujet de trouver étrange que les Refugiés paroissent ennemis du Roy de France.

Voilà Monsieur une partie des réflexions qu'à fait faire dans ce pays de liberté l'inscription du feu d'artifice inventée par le P. Menestrier. Je m'assûre qu'en lisant cecy, vous estes tout épouvanté. Votre imagination remplie de la grande idée de Louis le Grand crie contre nous à l'impie & au profane. Comment oser parler ainsi: & condamner les justes hommages que des sujets rendent au plus grand des Roys? Je vous

vous prie d'obſerver Mr. que tout cecy n'eſt pas contre le Roy, mais contre les malheureux qui gâtent ſon eſprit. Mais Monſieur que ne dirés vous donc point contre nous ſi vous conſiderés que nous prenons & portons aujourd'huy les armes contre ce Prince ? C'eſt bien plus que de ne pas approuver ſes flatteurs. Auſſi eſt ce-là la cauſe du grand ſcandale & des exclamations qui ſe font au lieu où vous eſtes : quels François, dit-on, quels François, bon Dieu ! prendre les armes contre ſon Roy : conſpirer avec toute l'Europe pour la ruïne de ſa patrie ! C'eſt ce qui donne lieu à ces nouvelles Ordonnances par leſquelles on bannit du Royaume tous les Peres, les Sœurs, les Femmes qui ont des enfans, des freres & des maris engagés dans le ſervice des étrangers. Mais on ſe trompe, Monſieur, nous ne conſpirons pas la ruïne de nôtre patrie, au contraire nous cherchons ſa delivrance. Ne confondés pas je vous prie le Roy avec le Royaume. Pour le Royaume tout autant que nous ſommes de Refugiés nous voudrions verſer comme nous avons faît autrefois le plus pur de notre ſang pour la gloire, & pour la conſervation de la Couronne. Mais quant au Roy nous ne concevons pas que nous ſoyons dans la même obligation. Nous ne trouvons nulle part qu'il ſoit honnête & permis à des ſujets de preſter leurs armes

mes & leurs ſecours à un Prince, pour troubler la paix de ſes voiſins, pour s'emparer de je ne ſçay combien de Provinces qui ne luy appartiennent pas & pour opprimer tous les pays libres, comme il a opprimé ſes propres Etats. Nous ne ſaurions reconnoître pour notre Souverain, celuy qui nous a chaſſés de ſes Etats, ou par l'exil, ou par le plus crüel traittement qui ait jamais été fait à des ſujets. Et pour dire plus que tout cela; nous nous croyons obligés de regarder comme notre ennemy, celuy que nous devons regarder comme le plus cruel ennemy que Dieu, ſa vérité, & ſon Egliſe ayent jamais eu. Un ennemy qui a fait répandre notre ſang depuis quatre ou cinq ans en plus de 50. ou 60. maſſacres; un ennemy qui a fait périr une infinité de nos gens dans des priſons affreuſes; un ennemy qui nous a envoyés aux Galeres; un ennemy qui a tranſporté nos filles, nos enfans; nos vieillards dans les Iles pour les y faire perir dans une profonde miſére; un ennemy qui nous a enlevé nos biens, nos maiſons, nos femmes & nos enfans, un ennemy qui a voulu ſoumettre nos conſciences à la ſienne, ou plutôt les ſacrifier à ſon amour propre; & qui nous a fait contraindre d'aller à la Meſſe, d'abjurer nôtre Religion, de communier à la Romaine par des Dragons, par des excés inoüis, par des pri-

prisons, par des tortures, & par la mort même: qui nous a abandonnés, nous, nos biens, nos femmes, nos filles, leurs personnes & leur honneur à la fureur d'une soldatesque animée par des Moines & des Prêtres furieux; & qui vient tout nouvellement de rendre une Ordonnance pour arracher à une infinité de gens, leurs biens & leur patrie sous pretexte que leurs parents servent en pays étranger, comme si l'on étoit obligé de répondre pour tous les siens. Si ce n'est là agir en ennemy & en mortel ennemy, je ne sçay plus comment il faut définir les choses. S'il est notre ennemy doit il se plaindre que nous soyons les siens? Aprés tout cela ne vous étonnés donc pas si vous entendés dire, que nos Officiers & nos Volontaires François qui sont au service de ce grand Prince M. l'Electeur de Brandebourg poussent les troupes du Royaume avec le plus d'ardeur, & jettent le plus de terreur dans l'esprit de vos gens. Ils font ce qu'ils doivent; ils n'auront de longtemps rendu à ces troupes persécutrices ce qu'ils en ont receu. Ne trouvés pas étrange non plus que ces braves Refugiés qui sont aujourdhuy au service du Roy d'Angleterre brûlent d'impatience de rentrer les armes à la main dans une patrie qui les a chassés avec le fer & le feu. C'est aux persécu teurs qu'on en veut, & qu'on a raison d'en vouloir. Mais

c'est

c'eſt pour vous délivrer de l'eſclavage d'un conſeil le plus tyran qui fut jamais, & qui pouſſe ce Prince à des actions ſi odieuſes. C'eſt pour tirer le Roy luy-même de ſon eſclavage, & le mettre dans la liberté de pouvoir connoître ſes veritables interêts & ſes vrays amis. Car nous ſommes ſes amis plus qu'il ne penſe. Nous le regardons comme nôtre ennemy; mais nous ne renonçons pas au reſpect qu'on doit avoir pour les Roys-ennemis; & nous avons encore quelque choſe de particulier pour luy, car nous voudrions le ſauver & le tirer des mains de ces Conſeillers de violence & de ces flatteurs qui le perdent & qui le corrompent.

Il me ſemble, Monſieur, vous avoir dit, que la piece du P. Meneſtrier nous avoit fait tourner les yeux ſur quatre differents objets; ſur la diſpoſition de l'eſprit des peuples; ſur la ſituation du cœur du heros. Ces deux ſujets ſont expediés. Le troiſiéme c'eſt le caractére des Jéſuites; c'eſt où nous en ſommes. Et c'eſt là que nous allons trouver la Religion des bons Peres.

Premier article de la Religion des Jeſuites: être tout, & ſe faire tout à tous.

La prémiere penſée qui nous vient, c'eſt que les bons Peres ſe piquent & ſe mêlent de tout, il y a long-temps qu'on a défini un Jéſuite, *omnis homo*. Ces Meſſieurs veulent donc ſe mêler auſſi d'avoir de l'eſprit: le métier n'en vaudra plus rien: Autrefois ils ne faiſoient que

que de ces livres, dont parle notre Balsac quelque part, qu'on apporte sur des charrettes bien attellées. Un Theophile Renaud nous a laissé 18. ou 20. gros volumes. Un Kircherus n'en a pas laissé gueres moins; un Papebrok, un Heinschenius content leurs ouvrages par des douzaines de Folio : grands compilateurs; grands Auteurs d'ouvrages de memoire, sans esprit & sans jugement. Mais les Jésuites de France veulent se faire porter en poche, ils veuleut qu'on les place sur les tablettes des ruelles. Ils disputent de l'agrément avec nos Poëtes & nos faiseurs de Comédies. Ils font de la prose & des vers, ils écrivent sur le *je ne sçai quoi*; ils éxaminent les pensées délicates, & fines de nos Poëtes & de nos Orateurs, & enchérissent en délicatesse sur les maistres; ils écrivent sur la langue, ils veulent en posséder la derniere finesse. Ils font des devises & des emblêmes. Le P. Menestrier fait des Ballades & des airs de Cour. Il est maître en inscriptions, ces Messieurs font des Comédies dans leurs Colleges : j'espére que bien-tôt on les verra sur le Théatre de l'Hòtel de Bourgogne, & présider aux Opera. Cela est beau pour ceux qui s'appellent les Ministres des Autels, les dépositaires des mysteres du Ciel; les Docteurs de l'Eglise, les directeurs des consciences; les Rois des tribunaux de la confession, les instructeurs

teurs de la jeunesse, les Apôtres des Indes. Le bon St. Ignace avoit institué son Ordre pour l'instruction des jeunes gens, mais il avoit oublié de mettre dans ses regles, qu'aux occasions les membres de la Societé feroient des sonnets, des madrigaux, des ballades, des vers, de la prose, des inscriptions & des devises; & qu'ils travailleroient à corrompre les ames par tous les moyens qui fortifient l'amour du monde, & diminuent l'amour de Dieu.

Savés vous bien, Monsieur, le mystére de cette conduitte? Sans doute vous le savés: car qui l'ignore? Les Jésuites veulent regner par tout, c'est-là leur Religion. C'est pourquoi ils sont tout, & font tout. C'est leur premier article de foy. Ils veulent empoisonner les esprits de leurs maximes quand ils sont encore tendres, c'est pourquoi il leur faut des Colléges où la jeunesse soit receüe, & des pedants pour les regenter, c'est-à-dire, pour les détourner de la bonne voye: il leur faut des sots & des simples pour faire une apparence de simplicité, & d'innocence à tout le corps. Car ne vous imaginés pas que tous les Jésuites soient du secret, & entrent dans les mystéres de la cabale. La Societé a des gens qui ne savent rien, & qui jurent de bonne foy, que tout ce dont on accuse le corps est une calomnie. Elle a peut-être des honnestes gens
&

& des gens sincéres qu'elle laisse dans l'ignorance de toutes les Friponneries de l'Ordre, afin de gagner par ces honnestes gens, les honnestes Chretiens du monde. *Car elle se fait tout à tous pour en*
Rom. 1. *gagner quelques-uns.* Le P. Menestrier
v. 14. s'est appliqué le passage de St. Paul, *Sapientibus & insipientibus debitor sum. Je suis Detteur tant au Grec qu'au Barbare, tant aux sages qu'à ceux qui ne le sont pas, tant aux ignorans qu'aux savants.* Il n'a jamais mieux rencontré en emblêmes. C'est la vraye devise de sa Societé, il faut qu'elle regne sur les grands sur les petits, sur les femmes sur les hommes, sur les Princes sur les Sujets, sur les savans sur les ignorans, sur les consciences tendres & delicates, sur les mondains, sur les devots, & sur les impies. C'est pourquoi il lui faut des gens de toute sorte de caractére, afin que tout le monde y trouve son goût. La Societé est un cube à mille faces qui sont toutes de figures differentes, & qui trouvent moyen de s'appliquer sur toutes les superficies, quelque irrégulieres qu'elles soyent. C'est pourquoi elle a des Confesseurs rigides, pour dominer sur les consciences tendres: il s'en trouve qui serreront le bouton à un pénitent plus ferme qu'un Janseniste. Mais parce que les mondains sont en beaucoup plus grand nombre, il lui faut beaucoup plus de directeurs relaschés élevés dans l'E-

cole

cole d'Escobar, de Tambourin & autres glossateurs de l'Evangile, qui en font une voye facile & aisée. Elle veut regner dans les Cours, c'est pourquoi il faut qu'elle ait des gens qui entendent la politique: les Princes de l'Orient aiment les Mathématiques; c'est pourquoi on leur envoye des Jésuites Mathématiciens qui s'introduisent par cette voye; non pour establir l'Empire de Jesus Christ, mais pour établir leur propre empire. Enfin pour que rien ne leur échape, il faut que la Compagnie ait de beaux esprits, des gens qui ayent sacrifié aux graces, qui ayent l'air du monde, les maniéres galantes, qui sachent faire des devises des inscriptions des vers & dé la prose quand il est besoin. Le P. Menestrier *est Detteur aux Grecs*, aux gens polis. Un autre *sera Detteur aux Barbares*; avec une sévérité apparente & une fausse simplicité il dominera sur les simples. Le monde aime les plaisirs, la Societé lui en procure; les hommes sont idolatres de l'ambition & des grandeurs, la Societé flattera tous les ambitieux dans leurs projets, sur tout s'ils reussissent & s'ils sont heureux. Car c'est un des caractéres de la Société de n'estre jamais du côté des malheureux: la Societé sçait que pour s'appuyer il faut s'allier des grandes maisons; C'est pourquoi elle fait tout ce qu'elle peut pour attirer des gens de qualité dans son Or-

Ordre. S'ils ſont fins & ruſés, s'ils ont de l'eſprit tant mieux ; ils en avanceront les affaires de la Societé avec plus de poids & plus de ſuccés : s'ils ſont beſtes, n'importe : ils ſerviront pourtant de luſtre, Ce ſera toûjours le fils de Monſieur le Duc, ou de Monſieur le Prince tel. La Societé ſçait qu'il faut plaire aux hommes pour les gouverner. Il n'y a point de complaîſance qu'elle n'ait pour eux. En un mot qu'on imagine quelque forme que les Jeſuites n'ayent pas priſe pour regner & on ſera bien habile. Ces moyens lui ont acquis un empire le plus vaſte, le plus eſtendu, & le plus ferme qui ſoit au monde. Elle regne dans l'Orient & dans l'Occident, dans l'Aſie & dans l'Europe, entre les Payens & entre les Chretiens, en Allemagne, en Eſpagne, en France. Et cela malgré une infinité d'ennemis qu'elle a. Car c'eſt la vraye Societé de Jeſus, auquel il a été dit, *regne au milieu de tous tes ennemis*. Et le tout par cette maxime qui fait le fondement de la Religion Jéſuite. *Je me ſuis fait tout à tous afin d'en gagner quelques-uns*, ou plûtôt pour les gagner tous. Ainſi vous ſavés la raiſon pourquoi le P. Meneſtrier fait des ballades, des inſcriptions & des deviſes.

Second article de la Religion des Je-

Le ſecond article de la Religion des Jéſuites ſe trouve auſſi dans la piece & dans l'inſcription impie du P. Meneſtrier : c'eſt que ces Meſſieurs prennent tou-

toujours pour leurs Dieux les Puissances qui sont maistresses de toutes les autres, & les Monarques dominans qui les font dominer. Autrefois les Rois d'Espagne étoient les divinités de la Societé. Leur fondateur étoit Espagnol, leurs Généraux d'Ordre le sont toûjours. Ainsi la naissance & l'autorité les obligeoient à être dans les interêts de l'Espagne. La France avoit donc dans son sein tout autant de Citadelles Espagnolles qu'il y avoit de maisons de Jésuites. Le Général est l'ame de la Societé & son premier mobile, par le vœu d'obeissance aveugle: toutes les parties suivoient les inspirations de ce chef. Et c'est ce qui a produit autrefois de beaux mênages en France. C'est ce qui a coûté la vie à deux Rois qui ont été assassinés. C'est ce qui fit la ligue Catholique aprés l'assassinat commis dans la personne de Henry III. C'est ce qui a déchiré les entrailles de la France. C'est ce qui a pensé la perdre. Aujourdhuy que la France a gagné le dessus son Roy est le Dieu de la societé. Les Jesuites font loin tout ce qu'ils font prés. Ces saints missionnaires qu'on envoye à la Chine font toûjours de l'Empereur de la Chine leur Dieu quand il les veut favoriser. Il n'y a point de bassesses de crimes & d'impietés qu'ils ne commettent a son honneur pourvû qu'ils regnent par son credit non seulement sur les nouveaux

Roy du pays est toujours leur Dieu.

Chretiens, mais auſſi ſur tous les autres Miſſionnaires. Dans l'Europe depuis que la Monarchie d'Eſpagne a ſouffert de la diminution l'on a dit adieu a ſon Monarque. Louis le Grand eſt devenu le maître, il eſt auſſi devenu leur Dieu : la Societé luy dreſſe des *Temples*, elle luy attribüe de la *Divinité*, elle veut qu'il ſoit l'objet de notre *Religion*. Mais, Monſieur, ne vous y trompés pas : ne vous imaginés point que les Jeſuites ſoyent devenus bons François, ils ſont Eſpagnols de naiſſance, d'origine & d'inclination & ne ſeront jamais autres. Mais ils ſont Hypocrites & Idolatres en même temps. Louis le Grand eſt leur Idole, mais ils briſeront cette Idole tout auſſi-tôt qu'elle commencera à leur être inutile. Un Roy qui ne peut rien pour eux ne leur eſt plus rien. Voulez-vous voir une preuve de cette verité, examinés la Proceſſion ſolemnelle qu'ils firent faire pour leurs Ecoliers à Luxembourg le 20. de May 1685. Liſés je vous prie les Articles 11. 12. & 13. de l'avis qui leur fut donné ſur cette Proceſſion payenne : où l'on fait remarquer leur politique peu judicieuſe. Tous les ſujets du Roy d'Eſpagne en general paroiſſent avoir une averſion mortelle pour la domination de France. Quand ils y ſont ſoumis ils ne s'en loüent pas, mais ils gemiſſent en ſecret. Il ſemble que les Jeſuites de Luxembourg de-

Les Jéſuites toujours Eſpagnols dans le fonds de l'ame.

devoyent être dans les mêmes ſentiments, & qu'ils devoyent même les pouſſer plus loin que les autres étant engagés dans les interêts du Roy d'Eſpagne par tant de raiſons. Auſſi avoyent-il fait paroître plus de zele que perſonne pour la conſervation de la ville. Ils demanderent qu'on leur mit en main une Clef d'or conſacrée à la Vierge, afin de fermer l'entrée aux François ; donnant parole qu'elle ne permettroit jamais, que les François devinſſent maîtres de Luxembourg. La ville n'eſt pas plûtôt priſe que voilà les Jeſuites de Luxembourg devenus outrés François. La Vierge leur divinité n'a plus d'amour que pour la France. Elle ne travaille qne pour la grandeur des Roys de France. Il n'y a plus de Roys devots à la Vierge que ceux de France. Louis le Grand devient le plus grand, le meilleur & le plus juſte Prince du monde, aprés avoir été quelques mois auparavant un injuſte uſurpateur. On le repreſente comme donnant la paix à tout l'Univers ; on introduit ſur la Scene le Roy d'Eſpagne en méchant equipage & tres-mal vetu ; Louis le Grand vient qui luy ôte l'épée ; qui vit jamais une ſi ſubite & ſi prodigieuſe Metamorphoſe où une plus lache diſſimulation ? Ou ces hommages ſont ſinceres ou ils ne le ſont pas ; S'ils ſont ſinceres les Jeſuites ſont bien coupables d'avoir ſi-tôt effacé de leur

 eſprit,

esprit, l'amour qu'ils avoyent eu pour le Roy d'Espagne sous lequel ils avoyent toûjours vecu depuis leur institution, & bien infames de luy faire de si grands outrages parce qu'il a été vaincu. Si ces hommages ne sont pas sinceres, c'est une honteuse comedie; particulierement à des Prêtres & à des Religieux, qui doivent être en exemple de fidelité & de sincerité à tous les fideles. Au reste cette politique des Jesuites est si connuë, qu'ils adorent tous ceux qui les font dominer, que cela n'a point besoin d'autres preuves. Il ne faut pas s'étonner si aujourdhuy les Jesuites de France bâtissent des Temples, & donnent de la Divinité à Louïs le Grand: car il leur a sacrifié toute sa grandeur. Il est l'instrument de toutes leurs violences; il suit malheureusement toutes leurs funestes inspirations. Dieu sçait comment il s'en trouvera à la fin.

Troisiéme caractére de la Religion des Jesuites, elle est demi Payenne.

Enfin le troisiême & dernier caractére de la Religion des Jesuites que je trouve dans l'inscription du P. Menestrier, c'est le paganisme. Que ces Messieurs s'en fachent s'il leur plaist: mais nous sommes contraints de leur redire qu'ils sont aussi peu Chretiens que Payens & que Mahometans. *Comme ils se font toutes choses à tous*, Certes ils ont une Religion composée de toutes les Religions, c'est-à-dire qu'ils n'en ont aucune, leur Religion c'est la grandeur

deur de la Societé. Toufiours prêts à déthroner tous les Saints pour y mettre leurs Patrons. Encore s'ils ne faisoyent cet outrage qu'aux Saints, mais ils n'épargnent pas le Saint des Saints nôtre Sauveur adorable. Ils étoyent autrefois la Societé de *Jesus*; il me semble qu'ils avoyent assés bien profité sous ce nom pour n'y pas renoncer; mais aujourdhuy, c'est la Societé de *Louïs le Grand*. Comme il paroît par l'histoire que vous me faites & que je vous renvoye. Ces Messieurs ont fait effacer le nom de JESUS qui étoit écrit sur le frontispice de leur Collége pour y mettre les armes du Roy. Et au lieu des mots *Collegium Claramontanum*, ils ont fait mettre *Collegium Ludovici Magni*. Ce qui a donné lieu à ce beau distique.

Les Jésuites effacent le nom de Jesus *pour y mettre celuy de* Louïs le Grand.

Sustulit hinc Jesu *posuitque insignia* Regis
Impia gens alium non habet illa Deum.

En verité c'est là un vray paganisme; Elle renonce à Jesus-Christ cette malheureuse Societé: Jesus-Christ la renoncera devant son Pere & devant ses Anges. Elle imite cet Empereur qui mettoit l'image de Jesus-Christ entre ses Idoles. Elle fait l'honneur à Jesus-Christ de le laisser dans son culte, mais elle luy fait l'outrage de luy associer, & creatures & divinités payennes ? Pourvu qu'elle regne par ce monstrueux mêlange de Religions, cela ne luy importe.

Il faut avoüer qu'elle est bien incorrigible sur la matiere, aprés le distique que nous venons de lire, aprés les écrits qui ont été faits contr'elle au sujet de leur Procession de Luxembourg, & de leur Ballet dancé à la reception de l'Archevêque d'Aix.

Procession de Luxembourg.

Cette Procession de Luxembourg fut la veritable image de la Religion des Jesuites. C'étoit une pompe sainte, car elle se faisoit à l'honneur *de la Sainte Vierge patrone honnorée & bienfaisante dans la France, & dans le Luxembourg*, & dans le jour *auquel l'Image miraculeuse de Nôtre Dame de consolation, patronne du Duché de Luxembourg, & Comte de Chiny fut reportée de la Capitale de la Province en sa Chapelle.* Dans cet acte de Religion il n'y est fait aucune mention de Dieu, il y est un peu parlé de la Vierge, on y voit le saint Sacrement en un endroit. Mais Loüis le Grand est par tout ; & les divinités payennes mêlées avec l'image de la Sainte Vierge sont les principaux personnages, & ils paroissent sur le theatre pour celebrer bien moins les grandeurs de la mere de Dieu que celles de Loüis le Grand. On y voit Mars & Bellone, Vulcain, Sterope

rope & le nud Pyrachmon ; Ceres, Flore, Pomone, les Nayades, & les Genies. Il ne faut pas, disje, aller chercher ailleurs la Religion de la Societé. De Dieu, il ne leur en faut point : De Saints & de Saintes ils s'en aydent, parce que le peuple aime les poupées : De divinités payennes & de paganisme, il leur en faut beaucoup ; car cela fait de tres beaux dehors pour les spectacles religieux. Mais un Louïs le Grand, un Roy triomphant est leur veritable affaire ; c'est leur principale divinité, on luy dresse des Autels, on luy bâtit des Temples, on luy donnera du *Numen*, & du *Pia*, tant qu'il en voudra.

Ballet des Jesuites dansé à Aix en Provence.

Un Evêque Jesuite ennemy des Jansenistes & partisan de la Morale relâchée est aussi une grande divinité pour les Saints Peres. C'est pourquoy il ne faut pas trouver étrange qu'on ait fait une Fête de Religion à Aix en Provence quand l'Evêque de Lavaur fut nommé à cet Archevêché pour succeder au Cardinal Grimaldy. Ce Cardinal Grimaldy étoit un chagrin qui faisoit enseigner dans son Seminaire la Morale de Grenoble, & qui ne vouloit point entendre parler de la sainte Morale des Peres de la Societé. Mais l'Evêque de Lavaur est un honnête Prelat qui sçait vivre dans le monde, qui pour coup d'essay chasse la morale severe de son Seminaire & y fait entrer celle du

Mouëlleux Abelly ; selon laquelle les devots ne seront point obligés à mortifier chez eux l'amour du monde & l'amour propre pour y faire regner l'amour de Dieu. Ils pourront être sauvés sans avoir fait en toute leur vie un seul acte d'amour Divin ; & pour expier leurs crimes qui reviennent tous les jours ils auront quand il leur plaira l'usage du Saint Sacrement & de la Sainte Communion, sans qu'il leur en coute aucun acte de Contrition & de veritable Penitence. Aussi, tout le zele & toute la pieté des bons Peres se reveilla à cette nouvelle. Il falut rendre à Dieu graces solennelles d'un tel bienfait, d'avoir tiré l'Eglise d'Aix des griffes d'un Loup pour la mettre entre les mains d'un Agneau. Dans cette celebre action de graces qui se fait à Dieu ; le vray Dieu n'y paroît pourtant pas. Mais en sa place, on y voit Juppiter, Appollon, Hercules, Orphée; Esculape. Et ce jeu est une singularité digne de toute nôtre attention, la pieté & la Religion Chrêtienne y viennent danser avec les genies payens, & avec les furies de l'enfer. C'est dommage que la pieté ingenieuse de ces bons Peres, ne leur a fait imaginer de faire danser Jesus-Christ & la Sainte Vierge avec Juppiter & Junon. En verité *le Ballet dancé à la reception de Monseigneur l'Archevêque d'Aix* en eût été bien

bien plus digne d'un Prelat Chretien, qu'on represente dans ce même Ballet comme un Orphée qui avec la douceur de son Lut vient chasser les furies & bannir la discorde. Car en faisant danser Jesus-Christ avec Juppiter, il les auroit sans doute accordés, & auroit banni cette discorde éternelle que St. Paul a voulu mettre *entre Christ & Belial.* Enfin vous étonnerés vous que le P. Menestrier ait fait de Louïs le Grand un Dieu, puisque les Jesuites d'Aix donnent de la divinité à leur Archevêque? *Les arts* dans ce Ballet, *luy dressent un Temple, l'architecte y travaille des colomnes, le sculpteur taille une statuë, & le peintre trace un tableau. On place dans le Temple le genie du Prelat, aux pieds de qui Hercule vient quitter sa massuë Orphée sa Lyre, Argus sa baguette, & Esculape son serpent.* Voila donc l'Evêque de Lavaur devenu Dieu sans avoir fait autre chose que de briguer avec beaucoup de succês un tres-bon benefice pour en quitter un mediocre. Et pourquoy donc Louis le Grand qui a tant fait de choses, & tant pris de Villes ne le deviendroit il pas entre les mains du sçavant Pere Menestrier? Aprés cela il faut avoir l'esprit bien mal-fait pour n'être pas de la Religion des Peres de la Societé, qui nous donnent une Morale si commode, & qui nous font un culte si diversifié & si divertissant.

Religion des Jesuites aux Indes mêlée de Paganisme,

Pour connoître la Religion des Peres Jesuites & comment ils sçavent heureusement marier le paganismde avec la Religion Chretienne, nous n'avons plus qu'à faire un petit voyage aux Indes, & voir les nouveaux Chretiens de la Chine. Ils sont Chretiens car ils sont baptisés ; pour de Communion, ils n'en ont pas souvent ou peut-être jamais ; mais ils sont Chretiens pourtant, car ils sont sous la direction des Peres Jesuites les premiers Docteurs du Christianisme. Cependant on leur permet d'être formellement Idolatres. Non seulement ils ont permission d'assister aux abominables sacrifices de l'Idole, mais même de se souiller en sacrifiant eux mêmes. Non seulement les Jesuites n'obligent pas leurs cathécumenes & leur fideles à renoncer à l'Idolatrie payenne. Ils ne leur enseignent pas le Christianisme ; ils ne leur enseignent pas Jesus-Christ crucifié de peur de les effaroucher. Ils ne leur font point voir de Crucifix, ils ne les obligent pas à aller à la Messe non pas même à Noël & à Pâque. Ils leur permettent d'adorer l'Idole de *Chin hoans* & celle de *Kun, fu, cu* que nous appellons Confucius. Ils leur permettent aussi d'adorer les morts & leurs ancêtres. Les Jesuites eux-mêmes pratiquent toutes ces ceremonies. Quelques-uns renient la foy & se marient.

Ils

Ils enseignent ces nouveaux Chretiens à cacher sous leur robe une image de Nôtre Dame ou de quelque Saint, moyennant quoy avec une direction d'intention, on leur permet d'adorer toutes les Idoles des Chinois. Voilà le Paganisme mêlé & composé avec le Christianisme, mais en sorte que le Paganisme y prédomine. Voulez-vous sçavoir d'où cela vient ? C'est que le Roy du pays est toûjours le Dieu de la Societé: en France aussi bien qu'à la Chine, & à la Chine aussi bien qu'en France. L'Empereur de la Chine est payen; or tout Empereur regnant, vivant, donnant, est le Prophete des Jesuites, dont il faut suivre la Religion. Aussi les bons Peres entre les autres images mettent sur leurs Autels celle de l'Empereur de la Chine & se prosternent devant. Et l'Empereur pour les recompenser leur donne les premieres charges de l'Etat. Il les fait ses Mathematiciens, il les éleve à la charge de Mandarins, il les fait marcher vestus en Princes, couverts d'or & de pierreries, portés sur des thrônes magnifiques. Il est vray que pour être Mandarin il faut faire quelques cerémonies Payennes & Idolatres. Mais pour un plus grand avancement de la foy Chretienne, les bons Peres se resolvent à cela. C'est la vraye Religion de la Societé. Et si quelques bons Religieux Dominiquains, Franciscains ou autres, veulent enseigner aux Chinois un autre Christianisme, on les persecute comme on fait les Calvinistes en France; on les jette dans des prisons, on les foüette jusqu'à la mort, on les fait perir par de longues miseres mille fois plus cruelles que la mort.

Témoins du mauvais Christianisme des Jesuites dans les Indes.

Vous savés bien, Monsieur, d'où nous avons appris tout cela? Ce n'est ni des Anglois ni des Hollandois. Ce n'est plus du Pere Dom Ildephonse de St. Thomas Evêque de Malaga. Mais c'est du P. de Ribas Dominicain mort l'an 1688. dans le Couvent de Cordouë en odeur de Sainteté, veritable auteur du Theatre Jesuitique: C'est du Martyr Sotelo qui a souffert aux Indes pour la foy: C'est du P. Moralés; C'est du Pere Diego Collado tres habile & tres zelé Missionnaire de l'Ordre de St. Dominique; C'est du St. Evêque Dom Jean de Palafox Prelat que les Jesuites estiment si fort qu'ils travaillent à sa vie. Aprés l'avoir persecuté pour en faire un Martyr durant sa vie, ils en veulent faire un Saint aprés sa mort. C'est de M. l'Evêque d'Heliopolis. C'est de Monsieur Arnaud luy-même qui ne veut pas être autheur du second tome de la Morale pratique des Jesuites, mais qui là défend de toute sa force. C'est enfin de tout le corps de Messieurs les Jansenistes & de cent autres qui ne le sont pas & qui sont tres bons Catholiques.

L'Au-

L'Autheur *de l'esprit de Monsieur Arnaud*, avoit puisé dans ces sources pour composer la dixneufiême observation de son Livre; dans laquelle il prouve que Mr. Arnaud n'a pas grand lieu de se glorifier des Conversions que les siens font aux Indes, parce que ces nouveaux Chretiens, de son propre aveu, sont plus que demi-Payens. Cette observation de l'esprit de Mr. Arnaud a excité contre l'Autheur une tempête terrible. Les Jesuites l'accablent d'injures & font contre luy livre sur livre pour le rendre odieux. Et parce qu'un Livre sans nom comme celuy *de l'esprit de Mr. Arnaud* ne se met gueres en peine des maux qu'on dit de luy, il a falu le baptizer & luy donner le nom de M. *Jurieu* qui ne l'a jamais reconnu, & en même temps dire de ce Monsieur *Jurieu* tout ce qui se peut imaginer de mal. Il y a tantôt cinq ou six ans que cela dure sans discontinuer. M. Jurieu ne s'en est pas mis en peine, & autant que je le puis comprendre il ne s'en remuera pas. Mais l'Autheur *de l'esprit de M. Arnaud* est resolu de ne pas souffrir davantage les outrages que luy fait la Societé des Jesuites par la plume du P. le Tellier. Permettés moy donc, Monsieur, de passer votre Pere Menestrier & ses inscriptions impies, à la charge d'y revenir avant que je vous quitte: permettés moy, disje, de m'arrêter un peu

Orage élevé contre l'esprit de Mr. Arnaud.

au Pere le Tellier & de faire l'Apologie de l'esprit de M. Arnaud auquel la Societé en veut tant. Le P. le Tellier dans son entretien sur la plainte Catholique de l'Evêque de Malaga dit, que *c'est icy une des plus extraordinaires contestations qu'on ait veües. Qu'un Prelat Catholique, un Ministre de la Religion prétendu Reformée, un Jesuite Defenseur des nouveaux Chretiens, un Docteur connu depuis 40. ans par son attachement à la doctrine de Jansenius, l'Autheur d'un Livre Espagnol intitulé Theatro Jesuitico, & les Autheurs de la Morale pratique des Jesuites, sont les personnes inereßées dans la querelle dont il s'agit icy* Puisque tous ces interessés ont parlé, il est juste que le Ministre ou prétendu tel parle à son tour pour plaider la cause de *l'esprit de Mr. Arnaud.*

Origine de l'esprit de M. Arnaud.

Je croy qu'il est bon de commencer par l'histoire de ce Livre, par sa naissance & par ses avantures. De petit livre de la Politique du Clergé a donné naissance à *l'esprit de M. Arnaud.* Ce Livre de la Politique du Clergé étoit écrit pour faire comprendre à la Cour de France que la persecution contre les Réformés étoit absolument contre ses interêts Cet ouvrage ne déplut à personne qu'à M. Arnaud qui croît être le seul maître dans l'art de plaire. Il écrivit contre la Politique du Clergé deux tomes sous le tiltre *d'Apologie pour les*

Catho-

Catholiques. Ouvrage le plus malheureux de tous ceux qui ſont ſortis de la plume de M. Arnaud. Il fut banni de France, ou pour mieux dire on luy en ferma l'entrée; il eſt chargé d'une multitude de choſes inutiles, d'un long & ennuyeux detail des depoſitions ſur la derniere conſpiration des Jeſuites en Angleterre, & de pluſieurs pïéces de Controverſes mal-placées, & entierement hors d'œuvre. Au reſte depuis le commencement juſqu'à la fin, il eſt plein d'une bile ardente. L'Autheur ſe répand en invectives contre la Religion Reformée, contre les Reformés en general, & en particulier, contre l'Autheur de la Politique du Clergé: tout ce que cet Autheur dit eſt *ignorance*, *imprudence*, *inſolence*; on perdit patience en liſant cet ouvrage, & l'Autheur reſolut de faire connoître ce faux zélé par ſes vrays caractéres. On l'avoit ſurpris ſi ſouvent en mauvaiſe foy dans ſes ouvrages contre nous & dans toute ſa conduitte contre ſes propres Catholiques, qu'on ne put pas reſiſter à la tentation de le faire connoître, pour ce qu'il eſt veritablement. C'eſt ce qui produiſit une vintaine d'obſervations ſur les ouvrages & ſur les diſputes de M. Arnaud. Sur tout on étoit las de voir ce chef de parti faire illuſion à toute l'Europe au ſujet des cinq propoſitions condamnées à Rome dans la Theologie de de Janſenius par le diſtinction du *droit & du fait*. La verité eſt que la veritable doctrine de Janſenius a été condamnée ſans équivoque à Rome; & dans la doctrine de Janſenîus celle de St. Paul & de St. Auguſtin ont paſſé par la condamnation. Les Janſeniſtes pouſſés ſe ſauverent dans la diſtinction du *Droit* & du *Fait*; diſant que le Pape ne pouvoit être infaillible tout au plus que dans les verités de droit & non dans celles de fait; que c'eſt une queſtion de fait ſçavoir ſi les propoſitions condamnées ſont de Janſenius: que dans la verité elles n'en ſont pas & qu'elles n'ont pas été condamnées dans le ſens de Janſenius. Il n'y eut jamais rien de plus mauvaiſe foy. Car les cinq propoſitions ſont toutes de Janſenius & ont été condamnées dans le ſens de Janſenius: & même excepté une, elles ne peuvent avoir qu'un ſens qui eſt le ſens condamné: C'eſt cela que l'eſprit de M. Arnaud, avoit principalement pour but de prouver; & il l'a prouvé avec une telle évidence, que M. Arnaud ſi prompt à faire des Apologies n'eût pas mal-fait d'en faire une ſur la matiere, pour juſtifier ſa bonne foy, & celle de tout ſon parti. C'étoit là le principal but de ce Livre, ſçavoir de faire connoître le vray caractere de l'autheur de l'Apologie pour les Catholiques. Il eſt vray qu'il y en eſt entré un autre. M. Arnaud tout perſecuté

D'ou vient la

cuté qu'il est, étoit aussi l'un de nos plus cruels Perſécuteurs. Il avoit fait un execrable Volume contre notre Morale, dont la concluſion étoit qu'on ne devoit point tolerer de telles gens que nous : ſon Apologie pour les Catholiques étoit un flambeau de ſedition qui excitoit les Puiſſances à la perſecution, en approuvant les moyens violents & mal-honnêtes dont la Cour & le Clergé de France ſe ſervoyent pour faire des Converſions. Cela fit naître à l'Autheur la penſée de conſerver à la poſterité la connoiſſance des vrayes ſources de la perſécution préſente & le vray caractere des Perſecuteurs. C'eſt la raiſon pourquoy on a fait entrer la dedans l'Archevêque de Paris, celuy de Rheims, le Pere la Chaiſe & toute la Cour de France. Ainſi toute cette grande diverſité de matieres & de ſujets qui ſe trouvent dans cet ouvrage ne ſont pas des digreſſions. Elles tendent toutes au même but general, qui eſt de faire l'Apologie des Egliſes Reformées de France en dépeignant leurs ennemis. Entre ces ennemis on peut conter les rigidés Epiſcopaux Anglois qui travailloyent à nous faire paſſer pour gens ſans foy, ſans Egliſe, ſans Paſteurs & ſans Sacremens, & par conſequent pour gens intolerables. C'eſt pourquoy nous les pouvons bien conter entre les fauteurs de notre perſecution. Car par je ne ſçay quelles

grande diverſité de Cenſures qui ſont dans l'eſprit de M. Arnaud.

les plumes empruntées, ils faisoient de nous des tableaux affreux propres à entretenir l'esprit de persecution contre nous. C'est ce qui a fait entrer dans l'esprit de M. Arnand quelques plainets contre *l'Icon Presbyterianorum* & contre son Autheur. On doit se souvenir de cela, afin de se satisfaire sur l'accusation que font les Jesuites à l'Autheur de l'esprit de M. Arnaud d'agir en furieux qui frape à droit & à gauche sur le premier qui se rencontre, sans choix & sans distinction. On doit sçavoir que cet autheur n'a rencontré que ceux qu'il a cherchés : & qu'il n'a cherché que ceux qu'il avoit interêt de trouver pour l'interêt de sa cause, & pour son but, qui étoit de faire voir l'injustice de nos Persécuteurs. Ces Persécuteurs se reduisoyent à trois Classes, les Prnces & leurs Ministres, les Evêques & leurs Prêtres & Moynes, & les mauvis Protestans qui persecutent leurs Freres. C'est pourquoy on trouve dans ce Livre des Apologies contre ces trois sortes d'Ennemis, & des choses qui ne leur plaisent pas, à cause qu'elles les font trop connoitre, voilà l'origine & la naissance du Livre.

Pourquoy la Cour d'Angleterre fit défen-

Aussi-tôt qu'il parut au public il y fit grand bruit : ceux qui ne s'y trouverent pas s'en divertirent aux dépens des autres : Et ceux qui s'y rencontrerent ou qui crurent s'y rencontreer, en témoignenerent beaucoup de chagrin. Entre les autres, la Cour d'Angleterre s'en allarma, elle s'en plaignit : & par la bouche de son Ambassadeur en porta ses plaintes à nos maîtres, qui ne purent s'empêcher de défendre ce Livre, c'est une circonstance dont les ennemis du Livre & de la Religion tirerent un grand avantage, & l'Evêque de Malaga dit dans sa plainte à Innocent XI. *Que l'Autheur dans son asyle même de la Hollande n'a pu mettre à couvert, ce Livre monstr ueux ; les Heretiques ses amis en ayant eu tant d'horreur qu'ils ont cru le devoirt interdire.* L'Evêque de Malaga, les Jesuites, M. Arnaud & tous leurs semblables doivent sçavoir qu'ils avancent une fausseté quand ils disent que ce sont les Heretiques amis de l'Autheur de l'esprit de M. Arnaud qui l'ont fait interdire; ce sont les Papistes ; c'est la Cour d'Angleterre qui étoit alors ou Papiste ou possedée par les Papistes. Les interêts d'Etat obligent des Souverains à sacrifier quelque chose de plus precieux que des Livres pour ne se pas attirer des affaires. Alors Charles II. & le Duc d'Iork son frere cherchoyent à chicaner les Provinces Unies sur tout, & on travailloit à leur ôter tout pretexte. Charles II. papiste dans le fonds comme il a paru à sa mort, & Jacques Duc d'Iork papiste declaré, furent les ennemis declarés de cet ouvrage

dre le Livre de l'esprit de M. Arnaud.

vrage, & les ſeuls qui le firent interdire; en ſe prevalant de la frayeur ou le pays étoit alors de ſe brouiller avec les Anglois. Il y avoit deux raiſons de leur chagrin contre ce Livre : la premiere que le Roy d'Angleterre n'y étoit pas traitté avec aſſés de reſpect : la ſeconde qu'on prouvoit que le Comte d'Eſſex ne s'étoit pas tué luy-même, mais qu'on l'avoit égorgé. Pour la premiere plainte elle étoit ſans fondement On ne diſoit rien d'irreſpectueux contre Charles II. L'experience a fait voir qu'on l'épargnoit beaucoup, & qu'on avoit eu de grands égards pour les perſonnes auxquelles il tenoit par le ſang. On diſoit beaucoup de bien de luy, & beaucoup plus qu'il n'en meritoit. Seulement en un endroit on inſinuoit qu'il étoit Penſionnaire de la France, & dans un autre on faiſoît comprendre que le plaiſir & la vie étoyent ſes divinités & qu'il n'étoit pas Idolatre de la gloire. On auroit pu dire ſans détour que c'étoit une ame molle, plongée dans la volupté, qui préferoit le repos à tout, qui faiſoit payer à la France ſes plaiſirs & ſes débauches : qui cachoit ſa Religion, qui vivoit dans une diſſimulation mal-honnête, & qui ſous l'apparence d'un Proteſtant cachoit un cœur Papiſte. Il a joué cette comedie juſqu'à la mort. Il eſt mort entre les mains d'un Prêtre & a communié à la Romaine. Mais il n'a n'a pas eu aſſés de courage pour ſe découvrir, même dans un temps où il n'avoit rien à craindre en ce monde, parce qu'il n'y eſperoit plus rien. C'eſt beaucoup que de n'avoir pas dit de mal d'un tel Prince. Auſſi le manque de reſpect pour luy ne fut pas la vraye cauſe de la plainte de la Cour d'Angleterre. Cette vraye cauſe c'eſt ce qu'on prouvoit que le Comte d'Eſſex ne s'étoit pas égorgé luy-même. Si ce Comte ne s'étoit point tué il faloit neceſſairement que ce fût le Duc d'Iork qui eût fait faire le coup. Prouvant que le Comte d'Eſſex ne s'étoit pas égorgé, on l'imputoit par conſequent au Duc d'York. C'étoit une conſequence, car l'autheur n'en diſoit rien. Mais il n'étoit pas malaiſé de penetrer dans ſa penſée. C'eſt là ce qui offenſa mortellement le Duc d'York & ce qu'il n'a jamais pardonné à l'autheur de l'eſprit de M. Arnaud. Cela parut quand on imprima prémiérement en Anglois puis en François un Livre qui rapporte fort amplement toutes les circonſtances de l'aſſaſſinat du Comte d'Eſſex comme commis par les ordres du Duc d'York. Les Papiſtes Anglois repandirent par tout que ce Livre étoit l'ouvrage du même Autheur que l'eſprit de M. Arnaud. Et parce qu'ils ne le purent perſuader ils ſe retrancherent à dire qu'au moins il en étoit le Traducteur. Le Roy Jacques s'en s'en exprima ouvertement en plein cercle, en disant qu'un tel, en nommant le pretendu Autheur de l'esprit de M. Arnaud, ne pouvoit plus se défendre d'être ennemy de la Cour d'Angleterre, puis qu'il venoit de traduire le Livre de la mort du Comte d'Essex. Ce dernier est aussi vray que le premier. Il en étoit aussi peu le Traducteur que l'Autheur, & il ne faut avoir aucun goût de ce qui s'appelle style & livre, pour en avoir la moindre pensée. Le Traducteur est étranger, & à peine sçait-il assés de François pour se faire entendre. Voilà l'histoire de cette interdiction dont les Papistes ont fait tant de bruit. Au reste cette interdiction n'empêche pas que le Livre ne fût vendu sans peril & sans autre précaution que celle de ne le pas mettre sur la table d'une boutique. Les amandes auxquelles l'Imprimeur avoit été condamné ne furent ni exigées, ni payées, ce fût une piece par forme pour fermer la bouche à la Cour d'Angleterre; & ceux la même qui l'avoyent defendu, auroyent été bien fâchés qu'on ne l'eût pas debité. Cela n'a pas empêché non plus qu'il n'ait été imprimé dans ce pays. Celuy qui passoit pour être l'Autheur du Livre, n'en fut pas moins bien receu à la Cour & par tout ailleurs. Ainsi cette horreur que les pretendus heretiques eux-mêmes eûrent de cet ouvrage, est une vaine & maligne supposition de ces Messieurs.

A-

Aprés la Cour d'Angleterre les Jesuites furent ceux qui s'en allarmerent le plus. S'ils avoyent eu autant de credit à la Cour de la Haye qu'en pouvoit avoir le Roy d'Angleterre, & le Livre & l'Autheur auroyent passé par le feu. Ils firent ce qu'ils purent, & l'on a sçeu qu'ils ramasserent autant qu'il leur fut possible d'exemplaires pour les supprimer. Mais ce fut peu de chose : on avoit tiré trois mille Exemplaires du Livre ; il courut par tout avec une prodigieuse vîtesse, & jamais livre ne fut lû ni pus universellement, ni avec plus de rapidité dans toute l'Europe. C'est ce qui mit la sainte Societé au desepoir, & en voicy la raison. M. Arnaud avoit eu l'indiscretion de nous accuser de peu de zele pour la propagation de la foy. Il repetoit dans son Apologie pour les Catholiques ce qui a tant de fois été dit, que les Protestans ne vont aux Indes que pour y chercher des richesses & nullement pour gagner des ames à l'Eglise. Il poussoit sa cruauté jusqu'à se servir des infames memoires de Tavernier pour prouver que les Hollandois loin d'avancer le Christianisme dans l'Orient l'avoyent éteint dans le Japon, & y avoyent fait massacrer cent ou deux cent mille Chretiens. L'Autheur de l'esprit de M. Arnaud qui n'étoit pas alors fort instruit de ce qui se faisoit aux Indes n'avoit pas beaucoup de choses à répondre

Chagrin des Jesuites contre l'Autheur de l'esprit de M. Arnaud.

pondre par voye de justification. Il avoüoit que les Protestans se trouvoyent fort defaillants dans leurs devoirs à cet égard. Depuis il a appris que les choses ne vont pas tout-à-fait aussi mal qu'il l'avoit cru. Il a été sur tout particulierement informé que les Colonies Hollandoises ont converti plus de trois cent mille Payens, principalement dans l'Ile de Ceilan : quand il auroit sçeu cela il n'auroit pas laissé de tomber d'accord que les Protestans sont fort éloignés de faire ce qu'ils doivent en ce genre. Mais l'Autheur ne se trouvant pas fort du côté de la justification se jetta sur la recrimination & poussa vigoureusement M. Arnaud, en luy disant que luy & tout le parti des Catholiques Romains avoyent fort mauvaise grace de nous reprocher notre froideur, & notre negligence pour les conversions; & qu'il étoit bien ridicule de nous opposer le zele de leurs Missionnaires, que nous sçavons n'aller aux Indes que pour gagner, pour devenir Hauts & Puissans Seigneurs, pour briguer les premieres charges dans la Cour de l'Empereur de la Chine, pour y vivre delicieusement, pour y devenir Idolatres & souvent Apostats; & enfin pour y faire des demi-Chretiens, des Chretiens baptisés, mais sans Eucharistie, sans Confession, sans Penitence, sans Culte, sans Oraisons, sans Jesus-Christ, sans science en un mot & sans

foy;

foy; Idolatres comme auparavant, adorant les fausses divinités de leurs pays, tout comme ils faisoyent avant leur conversion. Tels que nous les avons cydevant depeints. L'Autheur prouvoit tous ces faits par des témoins irreprochables à M. Arnaud, que nous avons cy-dessus nommés, c'est le theatre Jesuitique. C'est le martyr Sotelo, c'est le Pere Collado, c'est l'Evêque d'Eliopolis, c'est celuy d'Angelopolis, dont les pieces se trouvent ou dans le Journal de St. Amour, ou dans le second volume de la Morale partique des Jesuites. C'étoit sur les Jesuites principalement que tomboit le fardeau; car toutes les pieces dont je viens de parler avoient été mises au jour depuis peu dans la seconde partie d'un Livre fait expres pour decouvrir les Iniquités & de leur Morale & de leur conduite; Et c'étoit de là que l'Autheur de l'esprit de M. Arnaud les avoit puisées.

Pourquoy les Jesuites ont témoigné tant de chagrin contre l'esprit de Mr. Arnaud.

Quand le second tome de la Morale, pratique des Jesuites parut, on ne vit point que la Societé s'en emût beaucoup non plus que quand le Premier Tome de cette Morale pratique avoit paru environ quinze ou vint ans auparavant. Mais quand l'esprit de M. Arnaud vit le jour toute la Societé se mit en mouvement, jetta feu & flame & remüa le ciel & la terre pour sa justification. Le Pere le Tellier dans son dernier livre nous apprend la raiſon de cela? C'eſt que les Jeſuites avoyent regardé les pieces qu'on avoit imprimées contre eux dans le ſecond tome de la Morale pratique, comme enſevelies dans un lieu où peu de gens les iroyent deterrer, à cauſe que peu de perſonnes liſent ces ſortes de Livres. Sur tout le peuple & les gens d'épée ne les liſent jamais. De plus les bons Peres donnant de bons ordres pour fermer l'entrée du Royaume aux Livres qui s'impriment contr'eux ne craignoyent pas qu'on forceât leurs barrieres en faveur d'un livre comme le ſecond tome de la Morale pratique qui n'eſt pas extremement recherché. Si le titre paſſe juſqu'aux oreilles des curieux, on leur dit que c'eſt un méchant recueil de calomnies fait par des Janſeniſtes & des exilés pour ſe vanger de la Societé & du ſoin qu'elle a eu de repurger l'Egliſe de l'hereſie de Janſenius. On en demeure là: mais tout cela ne s'eſt pas rencontré dans *l'eſprit de Mr. Arnaud*. En moins de ſix mois malgré toute oppoſition il a paſſé d'un bout de la France à l'autre, il n'y a ni defences ni menaces, ni peines, ni exactitude qui l'ayent pu empêcher de penetrer par tout. Il a paſſé par les mains de tout le monde, grands, petits, ſcavants, ignorants, peuples, gens de robe & gens d'épée. L'Eloge des Jeſuites n'étoit pas l'endroit le moins bien touché, auſſi n'eſtn'est-ce pas celuy où l'on a fait le moins d'attention. Ainsi par l'esprit de Mr. Arnaud une infinité de gens ont été instruits de la conduitte des Jesuites dans l'Orient, qu'ils auroyent autrement ignorée. Sans *l'esprit de Mr. Arnaud* dit l'Autheur *de l'entretien sur la plainte Catholique, on l'ignoreroit encore & on ne se seroit pas avisé comme on a fait d'en demander des nouvelles à Mr. de Malaga.* Le P. le Tellier avoit dit dans sa Préface, que si ces accusations contre les Missionnaires des Indes n'avoyent été produites que par un Ministre & un Heretique, l'on n'y auroit pas eu d'égard, & l'on ne se seroit pas donné la peine d'y répondre. Mais aussi avoüe-t-il icy que sans le livre du Ministre on ne se seroit pas avisé de répondre au 2e. tome de la Morale pratique. C'est que les Autheurs de la Morale pratique étant Catholiques ont donné un grand poids aux accusations, & ce livre du Ministre leur a donné un grand cours. Les choses étant en cet état la Societé qui veille sur ses propres interêts & qui les entend bien, jugea qu'il ne faloit plus s'endormir. Elle dépêcha des ordres jusqu'au bout du monde. Elle fit venir des memoires des Indes. Elle mit toutes ses machines en mouvement pour ruiner les accusations enormes sous lesquelles l'honneur des bons peres & leur reputation se trouvoyent ensevelies; Elle

 don-

donna ordre qu'on fit la vie de Madame Hiu, une Sainte de la Chine de la façon des Jesuites.

Naissance de l'Evêque de Malaga.

Le premier fruit que produisirent les violentes agitations de la Societé fut un desaveu solemnel qu'on fit venir du fonds de l'Espagne sous le nom de l'Evêque de Malaga. Ce desaveu tomboit sur le Theatre Jesuitique, la principale des pieces d'où la Morale pratique & l'esprit de M. Arnaud avoyent tiré l'histoire de la conduite des Jesuites dans les Indes; Depuis 30. ans ce theatre Jesuitique étoit attribué à Dom Ildephonse de St. Thomas Moine Dominicain Evêque de Malaga, fils naturel de Philippes IV. si l'on en croit M. Arnaud. L'Evêque de Malaga quant à luy ne veut point de cette haute-naissance. Il se contente bien d'être fils legitime du Marquis & de la Marquise de Quintana. Mais M. Arnaud n'y veut rien changer. Il le traitte d'Altesse & luy prouve par cinq ou six arguments qu'il est fils du Roy d'Espagne. Si l'Evêque de Malaga se contentoit d'être fils de la Marquise de Quintana, on pourroit bien les accorder M. Arnaud & luy. Car il y a bien apparence qu'il est fils de la Marquise sans l'être du Marquis. Peutêtre que le Roy d'Espagne a reconnu son commerce avec la Marquise, sans pourtant reconnoître celuy qui en étoit venu. Car autrement il y a peu d'apparence

rence qu'un fils de Roy reconnu, se fit une honte de confesser sa naissance. Il n'est pas apparent non plus qu'un fils de Roy reconnu pour tel, eût été laissé dans l'état de simple Moine, & que pour tout avancement à l'âge de 70. ans il n'eut qu'un simple Evêché. Ainsi il est fort apparent que Dom Ildephonse de St. Thomas fils de la Marquise de Quintana, n'a jamais été reconnu fils de Philippes IV. que par sa Mere qui l'a ainsi dit, pour couvrir la honte de son adultere; Mais que bien que cela fût assez apparent, Philippes IV. ne l'a pas voulu reconnoître. Ainsi il peut-être veritablement fils de Roy sans pourtant être Altesse. Mais ce ne sont que des conjectures sur un fait qui dans le fonds nous importe tres peu.

L'Evêque de Malaga ne veut pas être autheur du Theatre Jesuitique.

Quoy qu'il en soit Dom Ildephonse de St. Thomas ne veut non plus être Pere du theatre Jesuitique que fils de Philippes IV. Et aprés avoir laissé courir durant plus de 30. ans, le bruit que ce livre étoit son ouvrage, les Jesuites à l'occasion de *l'esprit de M. Arnaud* ont obtenu de luy un desaveu imprimé. C'est la premiere piece qui a paru sur ce procés. Les Peres Jesuites de Flandres envoyerent à l'Evêque de Malaga des extraits de l'esprit de M. Arnaud & de la Morale pratique des Jesuites avec de grandes instances de se declarer fortement la-dessus & de foudroyer ces deux li-

livres ennemis de la Societé. L'Evêque obeïssant aux ordres des Peres, fit imprimer un petit Livre plein d'absurdités sous le tiltre de *quærimonia Catholica :* plainte Catholique addressée à notre saint Pere le Pape Innocent XI. La dedans il suppose premierement que l'autheur de l'esprit de M. Arnaud s'appelle *Surien*, & qu'il est aussi l'autheur du livre intitulé la Morale pratique des Jesuites. Considerant cet autheur comme hérétique il se dechaîne contre les livres & contre l'autheur avec un zele qui ressent tout-à-fait le caractere de la Societé. Les Jesuites fâchés de la beveüe de l'Evêque luy envoyerent de nouveaux memoires, par lesquels ils luy apprirent premierement qu'il n'y avoit point de *Surien* au monde, que celuy dont il vouloit parler s'appelloit *Pierre Jurieu*, qu'il avoit été Ministre à Sedan, qu'il étoit petit fils par sa Mere de Pierre du Moulin fameux & pernicieux Calviniste, qu'il avoit encheri sur la malignité de son grand-pere contre l'Eglise Catholique; qu'il avoit la reputation d'être éloquent, & de bien écrire, qu'a cause de cela il étoit estimé dans son parti, qu'il étoit refugié en Hollande, exilé de France, que la il couvroit la terre de Livres contre l'Eglise : qu'il avoit composé le Livre intitulé l'esprit de M. Arnaud lequel avoit été interdit en Hollande. Mais qu'il n'étoit pas l'auteur de la Morale pratique des Je-

Jesuites; que ce dernier livre devoit sa naissance à de tres-méchants Catholiques auxquels on donne le nom de Jansenistes.

Emportements de l'Evêque de Malaga contre l'esprit de M. Arnaud.

Le bon Evêque sur ces nouveaux memoires reforme son livre & en fait une seconde edition, où il confesse que trompé par des caracteres mal formés il avoit appellé *Surien* celuy qui s'appelloit *Pierre Jurieu:* qu'il avoit aussi cru mal-à-propos que ce Ministre étoit l'autheur de la Morale pratique des Jesuites. Voilà donc desormais sa fureur partagée sur deux objets; mais ce partage ne la diminüe point. Il tonne en ami des Jesuites contre ces deux livres, *l'esprit de M. Arnaud & la Morale pratique des Jesuites* comme sur les deux plus abominables productions que l'enfer ait jamais mis au jour. Il sollicite le St. Pere & toutes les puissances de la terre à racler du monde ces deux livres & ces deux autheurs; & le feu est le moindre supplice qu'il demande pour eux. Sur tout il se dechaîne contre l'autheur de l'esprit de M. Arnaud. *C'est un phrenitique, c'est un furieux, c'est un impudent, c'est le petit fils d'un fameux Calviniste tres insolent & tres dangereux, mais il le surpasse en temerité & en malice. La France luy avoit donné la vie; mais elle n'a pu souffrir cet enfant denaturé, & l'a chassé de son sein. Il éleve sa voix avec une licence effrenée contre le Seigneur &*

contre la Societé qui porte son nom. Il fait entendre ses blasphemes qui sont comme l'Artillerie dont il se sert pour faire la guerre aux Saints, & pour battre l'Eglise. C'est un ennemi insolent & qui dechire le parti Catholique d'une maniere furieuse. Cet homme sans pudeur ose attaquer tout le genre-humain. Il n'épargne ni le sacré ni le profane, ni l'Eglise, ni l'Etat, il medit de son Prince avec une impudence extrême, de toute la famille Royale & des Ministres les plus confidens de sa Majesté. Ne voilà-t-il pas une admirable éloquence, bien digne d'un Patron de la Societé des Jesuites? Cela est bien singulier qu'un Evêque Dominicain ennemi né des Jesuites ait pris leur interêt avec tant de chaleur. La chose étoit si peu croyable que pour la rendre certaine ces Messieurs ont eu une précaution dont on ne s'étoit jamais avisé, c'est qu'ils ont fait souscrire & parafer tous les Exemplaires de la propre main & du sein par écrit de l'Evêque de Malaga.

Impertinences du livre de l'Evêque de Malaga.

Ce beau Livre ne manqua pas de tomber entre les mains de l'Autheur de l'esprit de M. Arnaud. Il lut tous ces éloges sans en être le moins du monde emu, & sans en avoir même de ressentiment, ni contre l'Evêque de Malaga, ni contre les Jesuites qui avoient pris la peine de luy faire venir ces beaux complimens de si loin. A peine y fit il quelque attention. L'Evêque de Malaga disoit-il ne ne veut pas être autheur *du Theatre Jesuitique*. He bien que nous importe? C'eſt une querelle entre ces Meſſieurs. C'eſt aux Janſeniſtes à répondre, & à ſoutenir l'authorité de ce livre. Toutes ces injures atroces pour être venües d'Eſpagne n'en ſeront pas de plus grand poids chez les gens équitables & de bon ſens. Quand les Miniſtres écrivent ils n'attendent pas des approbations des Evêques Eſpagnols. Cependant la Societé triomphoit de ce deſaveu de l'Evêque de Malaga. Mais elle ſentit bien pourtant que cela n'avancoit pas beaucoup ſes affaires. Aprés tout elle ne trouvoit pas grand ſecours pour ſa juſtification dans un petit livre où les grands éloges de la Societé étoient enſevelis dans un latin fort éloigné de celuy du ſiécle d'Auguſte; où le bon ſens ne regnoit nulle part; où l'on ne voyoit aucun jugement: où l'autheur s'occupoit à prouver *gravement*, *pedanteſquement*, & tres inutilement. 1. *Que les hérétiques ſont toujours ennemis non ſeulement des Ordres Religieux, mais des perſonnes plus particulierement conſacrées à Dieu.* 2. *Qu'il ne faut point diſſimuler avec les hérétiques, mais qu'on leur doit répondre avec vigueur.* 3. *Que ç'a toujours été leur coûtume d'attribuer leur livres à des Prelats & à des perſonnes de pieté.* L'Evêque de Malaga verſe dans ſon ouvrage un torrent d'atroces injures contre le ſecond tome de la Morale pratique des Jeſuites ſans ſçavoir ce qu'il dit & ce qu'il écrit. Les Jeſuites luy avoyent fait ſçavoir qu'il avoit été écrit par un nommé Arnaud chef des Janſeniſtes. Le bon Evêque pour ſe bien acquiter de la commiſſion qu'il avoit receüe de la Societé ſe dechaîne cruellement & contre Arnaud & contre les Janſeniſtes ſans pourtant ſçavoir qui ils ſont. Car il y a apparence qu'il n'a jamais ouy parler ni de Janſenius, ni de ſa Theologie, ni de ſes Sectateurs, ni de M. Arnaud, tant il eſt habile & bien inſtruit des affaires du monde & de l'Egliſe. Il ſuppoſe ridiculement que la Morale pratique des Jeſuites quoy qu'elle n'ait pas été compoſée par ce méchant Calviniſte *Jurieu* eſt pourtant l'ouvrage de quelque déteſtable hérétique. Il dit l'avoir lû, & il n'a pas remarqué qu'il a été compoſé par un Autheur Catholique, & que ce n'eſt qu'une compilation de pluſieurs pieces toutes compoſées par des Religieux Dominiquains, c'eſt-à-dire, des Moines de ſon Ordre, & par des Evêques qui ſont morts dans l'Egliſe Romaine en odeur de Sainteté. De ſorte que ce Compilateur n'y a mis du ſien que quelques reflexions pour ſervir de lumiere & de liaiſon aux pieces de ce recueil. Ainſi l'Evêque de Malaga en foudroyant & anathematiſant les autheurs de la Morale pratique damne ſes meil-

meilleurs amis & les plus ſaints Religieux de ſon Ordre par complaiſance pour les Jéſuites. Si le bon homme avoit eu un peu de ſens il y auroit regardé de plus prés, & n'auroit pas ainſi aveuglement copié un fade éloge des Jéſuites & une affreuſe peinture de leurs ennemis que la Societé luy avoit envoyée toute faite. S'il avoit du jugement il n'auroit pas exhorté & conjuré le Pape Innocent XI. à faire brûler le Miniſtre Jurieu. Car il le ſçait en Hollande, lieu où l'on ne craint gueres ni les foudres du vatican, ni les feux de l'inquiſition. Mais ces bons Prelats d'Eſpagne ſont ſi accoûtumés a brûler de pauvres innocens qui leur deplaiſent, qu'ils ne ſçauroient ſe defaire de cette idée, ni s'empêcher de l'appliquer a des ſujets qui ſont hors de leur juriſdiction. S'il avoit du bon goût il n'auroit pas fait rouler ſes violentes invectives ſur de froides alluſions des noms *d'Arnaud de Breſſe* & *Pierre Abailard*: voulant que Mr. *Arnaud* ſoit le ſucceſſeur *d'Arnaud de Breſſe*, & le Miniſtre *Pierre Jurieu* celuy de *Pierre Abailard*. Il n'auroit pas appellé ce Miniſtre le Goliath ennemi de l'Egliſe, & Arnaud ſon écuyer. Car Arnaud & ce Miniſtre s'entendent trop mal pour faire partie enſemble. Et de plus M. Arnaud eſt bien d'âge, de taille & de force à être le Goliath plutôt que l'Ecuyer; auſſi le prétend-il bien, & l'on l'on veut bien luy en laiſſer l'honneur. Ce n'eſt là qu'un petit échantillon des obſervations qui ſe pourroient faire contre la *quærimonia Catholica* de Monſeigneur l'Evêque de Malaga. Monſieur Arnaud dans une lettre qu'il luy a écrite depuis peu ſe met humblement à genoux devant ſon Alteſſe pour luy faire comprendre en mots dorés que ſon livre eſt un tiſſu d'ignorances, d'impertinences, & d'emportemens ridicules & ſans raiſon. Pour moy qui ne m'eſtime pas obligé à garder les mêmes meſures, je dis à ſon Alteſſe, Monſeigneur dom Ildephonſe de St. Thomas ſans detour ce que je penſe de ſa plainte Catholique à Innocent XI. C'eſt que les Jéſuites luy ont fait faire dans ſes vieux jours une fort grande ſottiſe, dont il ne feroit pas mal de ſe retracter avant que de mourir pour ne pas laiſſer une tache à ſa memoire.

Ce deſaveu de l'Evêque de Malaga ne ſert de rien aux Jéſuites.

Il faut conſiderer de plus que ſi ce deſaveu de l'Evêque de Malaga ſervoit de quelque choſe aux Jéſuites, ce ne ſeroit qu'au regard du *Theatre Jéſuitique* dont l'Evêque nie être l'autheur. Toutes les autres pieces dont *l'eſprit de Mr. Arnaud & la Morale pratique* des Jéſuites ſe ſont ſervis pour dépeindre la Religion des Jéſuites demeurant dans leur entier, c'en eſt encore aſſés pour faire connoître la Societé & pour perſuader de ce qu'elle eſt. Enfin ce deſaveu

veu de l'Evêque ne peut pas même servir à ôter tout le credit au theatre Jésuique. Car Monsieur Arnaud vient de prouver que s'il n'est pas du Dominiquain Evêque de Malaga il est d'un autre Dominiquain qui n'est pas moins illustre, c'est le P. Jehan de Ribas. M. Arnaud, il est vray, dit à l'Evêque de Malaga, *que depuis son desaveu le theatre Jésuitique a un peu moins d'authorité qu'il n'en avoit auparavant.* Mais c'est un compliment: les vivants & les présens ont toujours l'avantage sur les morts & sur les absens. Laissés mourir l'Evêque de Malaga, & les Jansenistes nous apprendront bien que le theatre Jésuitique n'a rien perdu en changeant de Pere, & peut-être qu'il y a gagné. Les Jésuites ont trop d'esprit pour ne pas voir tout cela, & pour ne pas comprendre que ce méchant petit livre venu de Malaga ne pouvoit pas beaucoup servir à détruire *l'esprit de M. Arnaud*, & le second tome de la *Morale pratique des Jesuites.* Aussi n'a ce été que comme un prélude. Il faloit bien d'autres justifications & venües de bien plus loin. On a fait venir des Memoires de la Chine & des Indes; ou plutôt on les a composés en Europe tout tels qu'on auroît voulu qu'ils fussent venus des Indes. Et parce que les Jésuites des Pays-bas ne se sont pas trouvés assés bien pourvus de bon François, pour répondre à *l'esprit de M. Arnaud* & à *la Mo-*

rale pratique des Jésuites qui passent pour être assés bien écrits, la Societé a poussé en avant un beau diseur appellé le P. le Tellier pour mettre en œuvre les memoires venus d'Orient. Ce Pere nous apprend dans son entretien sur la plainte Catholique *qu'il fait son sejour à Paris dans le prémier des Colleges de la Societé, qu'il est naturellement laborieux, habile dans les belles lettres, Philosophe & Theologien, d'un esprit, sage & penetrant, zelé pour l'Eglise & pour sa compagnie.* Ce sont ses propres termes. Cela est bien commode, comme vous voyés, d'avoir affaire à des gens qui prenent le soin de nous instruire de ce qu'ils sont & de ce qu'ils valent. Quoy qu'il en soit un an aprês *la Quærimonia Catholica* de l'Evêque de Malaga on a vû paroître un livre de grand apparat sous le tiltre de *Defense des nouveaux Chretiens & des Missionnaires de la Chine, du Japon & des Indes contre deux livres intitulés, la Morale pratique des Jésuites & l'esprit de M. Arnaud.* C'est le second fruit qu'a produit l'agitation de la Societé causée par l'esprit de M. Arnaud.

Le Livre du P. le Tellier pour les nouveaux Chretiens des

Dans cet ouvrage le P. le Tellier qui sçait mieux vivre & mieux écrire que l'Evêque Espagnol, prend un tour plus fin & moins violent. Il refute & raisonne, & ne s'épuise pas à dire des injures. Il répond pied à pied aux accusations contenües dans la Morale pratique

que des Jésuites & dans l'esprit de Mr. Arnaud. Il ruïne autant qu'il peut l'authorité des livres & des autheurs dont ces deux-là se sont servis. Il traitte le veritable autheur du theatre Jésuitique d'une maniére tres-indigne : Il s'inscrit en faux contre la lettre du martyr Sotelo, & contre celle de l'Evêque d'Angelopolis. Il surprend les accusateurs des Jésuites sur ce qui s'est fait aux Indes, en mille ignorances & en mille contradictions. Et sur tout cela on voit qu'il s'applaudit, & croit avoir fait merveilles, parce qu'il n'a pas mal arrangé de tres méchantes raisons, de plus méchantes justifications, & des inscriptions en faux les plus hardies & les plus témeraires du monde. Quoy que dans cet ouvrage on en veuille principalement à l'autheur de la Morale pratique des Jésuites, on n'épargne pourtant pas le prétendu autheur de l'esprit de M. Arnaud. Son nom s'y lit presque à toutes les pages avec d'assés fâcheux éloges, on rapporte des lambeaux de son livre que l'on criminalise & que l'on refute. Le veritable Autheur de ce livre avoit vu ce second orage excité contre luy tout du même œil que le prémier. Et le livre du P. le Tellier ne l'avoit pas tiré de son silence non plus que le livre de l'Evêque de Malaga. Il croyoit que par ce dernier livre l'affaire étoit vuidée au moins pour luy, il voyoit que pour le fonds de la question qui regarde

Indes & ce qu'il vaut.

garde la verité des faits rapportés contre les Jésuites dans la Morale pratique c'étoit l'affaire des Jansenistes & non la sienne. Et il esperoit qu'on le laisseroit desormais en repos, comme il faisoit dessein d'y demeurer. Mais comme il a été deceu dans cette esperance, il a été obligé de rompre sa resolution & son silence. Car depuis le livre de la défense des nouveaux Chretiens, le P. le Tellier n'a cessé de faire des écrits sur la matiere & d'y interesser fort avant & d'une maniére sort outrageante l'autheur de l'esprit de M. Arnaud. Ce bon Pere est peut-être le seul qui estime son ouvrage *de la défense des nouveaux Chretiens*. Il travaille à en donner aux autres, l'estime qu'il en a luy-même; parce que cet ouvrage meurt en naissant il le remüe autant qu'il peut pour lui donner une apparence de vie: Personne ne loüe son ouvrage ni son autheur, il se tue de se loüer luy-même & fait livres sur livres pour cela. Voicy le troisiéme depuis un an, il en avoit paru un sous le nom de lettre Apologetique pour M. Arnaud ou désja il disoit beaucoup de bien de luy même & beaucoup de mal de Mr. Arnaud. Mais en voicy un autre sous le tiltre, *d'Entretien sur la plainte Catholique addressée à N. S. P. le Pape Innocent XI. par Mr. l'Evêque de Malaga*; dans lequel ce bon Jésuite fait son propre éloge en termes magnifiques, & parle

parle de sa défense pour les nouveaux Chretiens comme du premier ouvrage du siécle. On ne trouveroit point cela mauvais, & on souffriroit patiemment tout le bien que le Jésuite dit de luy-même: si cela n'étoit pas accompagné de nouvelles Satyres contre l'Autheur de l'esprit de Mr. Arnaud. Ces Satyres vont toujours de pis en pis, & je ne sçay comment l'esprit de ce bon Pere s'aigrit par le silence de ses Aversaires; comme les autres s'aigrissent par les Repliques. Dans sa défense des nouveaux Chretiens il paroissoit avoir quelque sorte de moderation, & garder quelques mesures; mais dans ce dernier écrit, il n'en garde aucune. C'est ce qui a obligé l'Autheur de l'esprit de Mr. Arnaud de mettre encore une fois la main à la plume pour supplier ces Messieurs de vuider desormais *leur fameux dêmelé* sans penser à luy & sans en parler. Que le Theatre Jésuitique soit d'un tel autheur ou d'un autre que les Jésuites soyent Apostats, & que leurs Convertis soyent des Idolatres à la Chine, ce n'est plus son affaire: c'est celle de Messieurs les Jansenistes: que la rage, la fureur & les injures de Messieurs les Jésuites tournent donc uniquement de ce côté-là: autrement je ne sçay si la Societé aura sujet de se feliciter des victoires qu'elle pretend remporter sur l'Autheur de l'esprit de Mr. Arnaud. On pourroit donner le le même avis & faire la même priere à Mr. Arnaud s'il continuoit de parler d'un homme qui ne pense plus à luy, comme il a fait dans sa lettre à Monseigneur l'Evêque de Malaga. On recognoît que pour cette fois il étoit obligé de parler de l'Autheur de *l'esprit de Mr. Arnaud*, puis qu'il s'agissoit de se distinguer d'avec luy, & de n'être pas confondu avec celuy qu'il appelle, *Son mortel ennemy* & le plus *envenimé de ses ennemis*. Cet autheur peut dire à Mr. Arnaud, comme St. Paul, *Je suis devenu votre ennemy en vous disant la verité*. Il n'est pas si mortel ennemy de Mr. Arnaud que Mr. Arnaud le croit. Il luy fait justice, il croit que si ses passions & ses interêts ne l'aveugloient pas, il pourroit voir & confesser la verité. Il souhaiteroit qu'il y eût moins d'obliquité dans sa conduitte, plus de bonne foy dans ses écrits, & qu'il eût fait aux Calvinistes une guerre plus honnête. Il seroit dans la disposition de faire à Mr. Arnaud tout ce qu'on peut attendre d'un amy s'il étoit capable de reconnoître les fautes qu'il a commises contre Dieu en persecutant si cruellement des Innocens. Si pour être *ennemy mortel* de Mr. Arnaud il n'y a qu'à le pousser à l'extrêmité, & luy faire des accusations à quoy il ne sauroit répondre, l'autheur de l'esprit de Mr. Arnaud avoüe qu'on luy peut donner ce nom. Mais

cela

cela même que Mr. Arnaud n'a rien eu à répondre à plus de trente demonstrations d'obliquité & de mauvaise foy qu'il luy a faites, est une raison qui le doit obliger à ne parler plus desormais d'un ennemy contre lequel il s'est si mal défendu; afin de ne pas faire ressouvenir le public de sa défaite, & d'un demêlé dont la conclusion a été si peu honnorable pour luy.

Ce sont les considerations generales qu'on avoit à faire pour la justification de *l'esprit de* Mr. *Arnaud* & de son autheur. Il y faut ajoûter quelques réponses aux accusations particulieres. Dans ces reflexions generales on trouve même la réponse à une partie des accusations particulieres qu'on fait à ce livre. Par exemple ses ennemis ont voulu tirer un grand avantage de ce qu'il a été interdit en Hollande même, qui est un pays de liberté. On a vu l'histoire de cette interdiction, qui est-ce qui l'a procurée, pourquoy elle a été faite, & combien mal elle a été executée. On accuse aussi l'autheur *de fraper sans discernement tout ce qui se rencontre devans luy, de se jetter cent fois à l'écart en quittant son sujet pour médire avec une témerité punissable contre tout ce qu'il y a de plus saint dans l'Eglise & de plus auguste dans l'Etat.* C'est ce que dit le dernier livre du P. le Tellier, *entretien sur la plainte Catholique de l'Evêque de Malaga.* On a déja en par-

partie répondu à cela : On a fait voir que l'autheur *ne se jette point à l'écart*, qu'il ne perd jamais son vray but de veüe. Il n'a pas eu seulement dessein de faire connoître Mr. Arnaud à la posterité. Il a voulu laisser le vray caractere de tous les autres persécuteurs des Réformés. C'est un but duquel il ne s'est point du tout écarté. Pour ce qui est de l'accusation de médisance qu'on luy fait : c'est ce qu'il faudroit prouver. Il n'a pas avancé un seul fait comme certain dont il n'ait produit les tiltres & les piéces justificatives. Et s'il en a avancé de douteux il ne les a point avancés comme certains. Il les a laissés dans leur état d'incertitude. Dire aux gens leurs verités n'est pas toujours médire : Je me serviray contre le Jésuite & contre Mr. Arnaud luy même de ce que les Jansenistes ont dit tant de fois pour se justifier de l'accusation qu'on leur fait de pécher contre la charité en découvrant les crimes d'une Societé qui fait une si grande figure dans l'Eglise Catholique ; *Interest cognosci malos*. Le public a interêt de connoître les mal-honnêtes gens. Il ne faloit pas que la posterité crût que la persécution excitée contre les Réformés de France ait été faite par un principe de Religion & de faux zele. Il faloit que les siécles à venir fussent informés que nos persécuteurs sont des gens sans Religion, sans foy, sans

L'esprit de Mr. Arnaud n'a avancé que des faits certains.

ſans Dieu, ſans honneur, ſans vertu, ſans merite, laches, voluptueux, débauchés, perdus de reputation dans le Monde. C'eſt un ſoin que l'Egliſe s'eſt toujours donnée de faire connoître la méchante vie de ceux qui l'ont perſecutée. Le P. le Tellier eſt divertiſſant quand il dit, que l'eſprit de M. Arnaud médit *de tout ce qu'il y a de plus ſaint dans l'Egliſe*, qui n'en riroit? Les ſaints dont on a médit avec une temerité puniſſable; C'eſt l'Archevêque de Paris, c'eſt peut-être l'Archevêque de Rheims: encore n'ay je pas remarqué qu'on ait dit du mal de ce dernier, non plus que du P. la Chaiſe de qui on a dit beaucoup plus de bien qu'il n'en merite. Ainſi ce qu'il *y a de plus ſaint dans l'Egliſe* ſe reduit à Meſſire François de Harlay Archevêque de Paris amant de Mademoiſelle de Varenne, Corrupteur public de filles & de femmes, & le plus décrié de tous les hommes. L'Egliſe Catholique n'eſt elle pas bien glorieuſe d'avoir des ſaints ainſi faits, Si c'eſt là ce qu'il y a de plus ſaint dans l'Egliſe Romaine, quel jugement ferons nous du reſte? Mais ce ſont les ſaints de la Societé: Soyés ſcelerat, fornicateur, adultere, ſans Dieu, & ſans Religion, & preſtés votre authorité aux Jéſuites pour abbatre les Janſeniſtes & les Calviniſtes vous ſerés un Saint & même un Dieu. Quand l'Evêque de Malaga paſſoit en Fran-

France ſans contradiction pour l'autheur du Theatre Jéſuitique, il étoit ſelon les Jéſuites Theophile Renaud & Cotenon, *un monſtre*, *un Goliath*, *un enfant bâtard*, infame par ſa naiſſance. Mais depuis qu'il a deſavoué le theatre Jéſuitique il eſt devenu en un Clin d'oeil le premier homme de ſon ſiécle & le plus grand ſaint de l'Egliſe. Il faut voir comme on le loüe dans *l'entretien ſur la plainte Catholique.*

l'Autheur de l'eſprit de M. Arnaud n'a point medit de la Cour de France.

Mais voicy un bien plus grand crime de l'Autheur de *l'eſprit de Mr. Arnaud*, il a médit de tout ce *qu'il y a de plus Auguſte dans l'Etat*, ſans épargner la perſonne du Roy. Ce derniet article eſt faux de la derniere fauſſeté. On a parlé du Roy dans le livre avec autant de retenüe, de moderation & de reſpect qu'un perſecuté peut parler & ſe plaindre d'un Prince perſécuteur. Auſſi l'Ambaſſadeur de France qui regnoit alors en Hollande & qui y fit faire une trêve ſi avantageuſe à ſon maître malgré les oppoſitions des premieres perſonnes de l'Etat, ne s'aviſa pas de s'en plaindre, quoy qu'il en fût ſollicité par l'Ambaſſadeur d'Angleterre. Quant aux Miniſtres de France on n'attaque pas leurs qualités morales, on dit même ce qu'ils ont de bon, on ne leur reproche que leur baſſeſſe, de ſe laiſſer entraîner par un Clergé perſécuteur dans une conduitte qu'eux mêmes reconnoiſſoyent être ſi con-

contraire aux interêts de l'Etat. Et s'il y en a quelques-uns dont on parle desavantageusement, on les épargne beaucoup. Si les porrraits qu'on en a faits meritent d'être retouchés, c'est parce qu'on les a fait trop foibles. Et quand on considere la conduitte énorme que ces Ministres inspirent au Roy, les horribles desolations, les embrasements & les maux qu'ils luy font faire, on ne sauroit les concevoir que comme les gens du monde les plus éloignés & de la raison & de la sagesse & même de l'humanité. Mais ce qui fait horreur à toute l'Europe fait l'admiration de la Societé, qui aime le sang, le feu, le carnage & qui n'épargne rien pour se défaire de ses ennemis.

Je ne fais aucun cas des accusations que fait cet autheur à celuy qu'il charge d'avoir fait l'esprit de M. Arnaud, *d'avoir des passions vives, peu de bonne foy & de probité, beaucoup d'emportement & de penchant aux injures & à la calomnie: d'être toujours prêt à attaquer & se defendre, toujours sans moderation, sans sincerité*. Cela se dit contre Mr. Jurieu, mais comme ce Mr. Jurieu ne veut pas s'interesser pour l'esprit de Mr. Arnaud l'autheur de l'esprit de Mr. Arnaud ne se croit pas obligé de répondre pour Mr. Jurieu. Il dira pourtant que ce sont des coups en l'air, les Jésuites n'en peuvent moins dire contre un homme qui les

les a si vivement poussés depuis plusieurs années. Il faudroit prouver sa mauvaise foy, & montrer que tant de faits qu'il a avancés sont faux. Et c'est ce que ces Messieurs ne feront jamais. La compassion des Jésuites pour ceux que l'esprit de Mr. Arnaud a mal-traittés s'étend jusqu'à M. Arnaud luy-même. Cela est bien singulier : un Jesuite plaindre un Janseniste. Ce n'est pas qu'ils trouvent que le portrait de Mr. Arnaud fait par le Ministre auquel ils attribuent l'esprit de Mr. Arnaud ne soit assés fidéle. *Pour juger équitablement disent-ils de l'esprit de Mr. Arnaud tel que l'Autheur satyrique le depeint, & de l'esprit de cet autheur tel qu'il s'est découvert dans son livre, il faut avoüer que rien n'est si semblable que ces deux esprits, & qu'on peut sans se tromper prendre le portrait de l'un pour le portrait de l'autre.* Mais, ajoûte ce faiseur d'Apologie, *Ce Ministre eût mieux reussi dans son dessein s'il eût mieux ménagé sa passion, & il seroit plus à craindre pour le Docteur, s'il eût paru moins emporté dans son ouvrage.* Ces gens sont plaisants sur l'accusation *d'emportement*. Furieux comme les vrayes furies montées des enfers, il n'y a point de maux qu'ils ne disent des Protestans, point de Barbaries & de cruautés qu'ils n'exercent sur leurs personnes, sur leur honneur & sur leurs vies. Et quand on s'en plaint un peu haut, on est

Réponse à l'accusation d'emportement.

Lettre Apologetique pour M. Arnaud.

est un emporté, on viole ce qu'il y a de plus sacré & de plus auguste, on perd le respect qui est dû aux premieres personnes de l'Eglise & de l'Etat. Quant à ces Messieurs dans les mains desquels tout se sanctifie il leur est permis de faire d'affreux libelles contre les Têtes Couronnées de les comparer aux Nerons, aux Heliogabales & aux plus grands monstres, parce qu'ils ne sont pas Catholiques & qu'il ne favorisent pas les bons Peres Jésuites. L'emportement se definit par la verité : il faut plaider au fonds. Si l'on parle fortement des ennemis de Dieu on n'a pas tort quand on ne dit rien de faux. Pour ce qui est de Mr. Arnaud il s'est attiré toutes les duretés qu'il a trouvées dans le livre de *l'esprit de Mr. Arnaud* & ailleurs. L'autheur à qui le faiseur d'entretiens donne de *l'esprit de l'étude, de la facilité à parler & à écrire, un grand feu d'imagination*, auroit peut être pu souffrir que M. Arnaud le traittast de bête, d'ignorant, d'homme, de paille, d'impudent, d'insolent. Mais il n'a pu souffrir que l'on traittast son parti avec tant de violence, tant de cruauté, tant de mauvaise foy ; & pour le dire en un mot, avec tant de fureur, comme a fait Mr. Arnaud, & dans son Apologie pour les Catholiques, & dans ses autres ouvrages. Mr. Arnaud a si bien senti qu'il avoit tort & qu'il s'étoit attiré ces duretés

tés qu'il n'a osé s'en plaindre ni les repousser. Si quelque chose a diminué l'humeur emportée de ce Docteur on peut dire que c'est *l'esprit de Mr. Arnaud* qui l'a corrigé. Car depuis ce temps-là il paroît avoir un peu plus de moderation.

Les Jésuites sont capables de tout ce dont les accuse l'esprit de M. Arnaud.

Au reste je ne veux point entrer icy dans le fonds du different, pour la défense de la 19. observation de *l'esprit de Mr. Arnaud*, qui est celle qui a tant choqué les Jésuites : parce qu'il y est prouvé que leurs Missionnaires des Indes sont des fourbes, & que leurs nouveaux Chretiens sont de miserables abusés; ce n'est point notre affaire; c'est celle des Jansenistes, qui l'ont dit & qui l'ont bien prouvé. C'est à eux à soutenir leurs preuves, & pour dire la verité je croy qu'ils en viendront facilement à bout. Je sçay que leur ouvrage est tout prêt à paroître. Entr'eux la querelle; l'autheur de l'esprit de Mr. Arnaud n'est point autheur icy, il n'est que Copiste, & Copiste de Religieux Dominiquains, d'Evêques & de Docteurs qui passent pour tres-Catholiques. Mais, dit-on, il a tort d'avoir cité comme veritables des faits qu'il ne tient que des ennemis declarés des Jésuites. *Avoüons* dit le faiseur d'entretiens, en parlant de l'autheur de l'esprit de Mr. Arnaud, *qu'il n'est rien de plus exposé à l'égarement qu'un aveugle qui s'abandonne à la con-*

conduitte d'une troupe d'autres aveugles comme luy, ni rien de plus sujet à caution qu'un témoignage fondé sur le rapport de quelques Imposteurs : telles sont les pieces dont vous me parlés. Voilà le saint Martyr Sotelo, le Reverend Pere de Ribas, le Reverend P. Moralés, l'Evêque d'Eliopolis & celuy d'Angelopolis dans une honnorable categorie, mis au rang des Imposteurs. Mais dites moy un peu, mes Reverends Peres, qui m'assurera que ces Messieurs sont les Imposteurs, & que vous ne l'estes pas ? On sçait bien qu'il y a des fripons. Mais y a-t il Societé au monde où de la confession de tous les hommes il y en ait autant que dans celle des Jésuites ? Je suis reduit à croire sur des faits que je n'ay point vus, ou les Jésuites, ou les Dominiquains & des Evêques celebres. Les Peres Jésuites voudroyent-ils que je les en crusse ? Et par quelle régle ? C'est parce que ces bons Peres ne sçavent pas mentir ; c'est qu'ils n'enseignent pas l'art des équivoques ; c'est qu'ils ne sçavent point faire des fourbes pour l'honneur de leur Societé. C'est parce qu'ils ont la conscience fort tendre & que leur Morale severe ne leur permettroit pas le deguisement. Et où sont les accusés sur la denegation desquels on refuse toute creance aux accusations. S'il n'y a qu'à nier il n'y aura jamais de coupables. C'est une grande merveille que les Jéſuites nient des faits atroces qui leur ſont imputés. Je n'en croirois pas de plus honnêtes gens qu'eux, poſés dans les mêmes circonſtances. Les Janſeniſtes & les Jacopins ne ſont pas decriés dans le monde comme les Jéſuites, ils ſont ſans doute plus honnêtes gens. Il eſt donc juſte que je les en croye plutôt que les Jéſuites: Societé de gens perdus de reputation dans le monde & dans l'Egliſe. Je dis perdus de reputation & d'honneur: Et à propos de cela, je voudrois bien demander à ces bons Peres qui vantent ſi fort leur zele & le ſervice qu'ils rendent à l'Egliſe, leur ſainteté & leurs Saints, leurs travaux pour l'inſtruction des enfans & pour la converſion des heretiques & des infidéles. Je voudrois bien ſçavoir, dis-je, d'ou leur vient cet épouvantable malheur d'être également craints & hays par tout? Ils en ſçavent quelque choſe, mais nous en ſçavons beaucoup plus qu'eux, on s'en ouvre bien plus aux autres qu'on ne fait à eux mêmes. Ils ſont l'execration des meilleurs Catholiques; qui dit au peuple un Jéſuite dit une mauvaiſe bête. Entre ceux la même ſur leſquels ils regnent, qui viennent à leurs Tribunaux leur demander l'abſolution qui les flattent & qui les careſſent, les trois quarts des gens les deteſtent. S'ils ſont ſi honnêtes gens, d'où leur vient cette haine publique qui les ſuit en Eſpagne, en en Allemagne, en Italie, en France & par tout. C'est un malheur qui n'a pas d'exemple. Trouvés donc bon, Messieurs, que nous en croyons sur votre chapitre ceux qui sont de même Religion que vous, & qui vous voyent à peu prês dans votre interieur.

Histoire de l'esprit d'Heydelberg poussé en avant par les Jésuites.

Enfin je voudrois bien qu'on me dît pourquoy nous ne croirions pas ce qui nous est dit de la Religion des Jésuites dans les Indes, connoissant ce que nous connoissons de leur Religion dans l'Europe ? Car il faut sçavoir qu'on ne peut rien dire de si terrible contre les Jésuites bien que douteux, qui ne devienne vraysemblable à cause de leur caractére, & de ce qu'on sçait qu'ils sont capables de faire. Par exemple ils ne furent pas plutôt établis dans le Palatinat par la succession écheüe au Duc de Neubourg qu'un bruit se répandit non seulement à Heydelberg, mais par toute l'Europe qu'ils avoyent appolté un faux esprit revenant de l'autre monde, qui toutes les nuits crioit aux oreilles du vieu Duc qu'il n'y avoit point de salut pour luy, à moins qu'il n'exterminât l'heresie & les heretiques de ses nouveaux Etats suivant le conseil des Peres Jésuites. Le Duc las de ces visions voulut s'en éclaircir. Il s'en ouvrit à l'un de ses Officiers qui luy promit de conjurer l'esprit tres-efficacement sans oraisons ni eau benite. L'Officier se cacha sous le lict du

Prince, & quand l'eſprit vint, il le ſabra de maniére qu'il en demeura fort bleſſé, & l'on dit qu'il en eſt mort. Cet Officier qui avoit fait le coup eut l'indiſcretion de le dire à ſa femme contre les défenſes expreſſes que le Duc luy en avoit faites. La femme ne fut pas plus ſecrete que le mary. Ainſi la choſe ſe divulgua. Il n'eſt rien que les Jéſuites n'ayent tenté pour ſe juſtifier de ce fait. Le Duc a fait de rigoureuſes défences dans ſes Etats de parler de cela. Les Jéſuites ont tiré des atteſtations & des ſignatures des Proteſtans mêmes de la fauſſeté de cette hiſtoire. Mais ils auront beau faire; Jamais ils ne detruiront les ſoupçons que ces bruits faux ou vrais ont imprimé dans l'eſprit des peuples. Parce qu'on les connoît capables de cette friponnerie par d'autres qui ne valent pas mieux. On ſçait qu'ils ont ſuborné des témoins quand il a été neceſſaire, pour perdre des innocens ou pour ſauver des coupables. On ſçait qu'ils ont fait de faux Tiltres & de faux Teſtaments pour s'emparer du bien d'autruy. On ſçait que dans leur Morale, ce n'eſt rien que de violer ſa parole particulierement aux heretiques; & que par tout ils conſeillent aux Princes de les exterminer, & de revoquer les Edits les plus irrevocables faits pour aſſurer la paix des Etats, On ſçait que ſelon eux on peut ſanctifier tous les crimes par la direction de de l'intention. On ſçait qu'un de leurs principes eſt que tout eſt permis pour l'avancement de la foy; c'eſt-à-dire, de leur regne. Ainſi le fait eſt veritablement de l'eſprit des Jéſuites. Et pour ces témoignages negatifs de gens qui diſent, je n'ay rien vu & rien connu; C'eſt moins que rien. Car des gens qui prennent leurs meſures pour joüer une telle comedie, ſavent bien écarter les yeux & prendre leur temps. Quoy qu'il en ſoit que l'hiſtoriette ſoit une hiſtoire ou une fable, on ſçait ce qu'ils ſçavent faire, & c'eſt aſſés pour rendre la choſe vray-ſemblable.

Autre exemple qui vous divertira davantage parce qu'il eſt nouveau & moins connu. Un Gentilhomme parfaitement homme d'honneur qui eſt au ſervice d'un grand Prince d'Allemagne revint de Vienne il y a quelques mois & rapporta comme une choſe ſeure & vraye l'hiſtoire qui ſuit. Un Jéſuite avoit une tres belle montre, un Officier de la Cour de Vienne badinant avec ce Pere, luy dit, mon Pere voilà un bijou qui eſt trop beau pour un homme de votre robe, il faut que vous me le donniés. Le Pere qui entendoit raillerie repouſſa celle-ci par une autre, & l'Officier perſiſta à dire, qu'il faloit qu'il l'eût maniere de ou d'autre. A quelques jours de là l'Officier alla voir le matin le Jéſuite dans ſa chambre. Il la trouva ouverte

Hiſtoire d'un deſſein des Jéſuites d'empoiſonner l'Empereur en communiant.

& perſonne dedans. Le Pere ſorti avec précipitation, avoit oublié de fermer ſa chambre, & avoit auſſi oublié de prendre ſa montre. Le Gentilhomme voyant la montre ſur la table, forma le deſſein de pouſſer plus avant la comedie, qu'il avoit commencée quelques jours auparavant. Il prit la montre & s'en alloit. Mais il entendit le Pere qui revenoit à grands pas avec quelqu'un. Il ſe cacha ou ſous la table, ou ſous le lit pour n'être point vû. Le Pere occupé de ſa penſée ne ſoupçonna pas qu'il y eût perſonne dans la chambre. Se croyant ſeul, il commença avec un autre Jéſuite à concerter l'execrable deſſein d'empoiſonner le lendemain l'Empereur en luy donnant la Communion. L'Officier trouva moyen de ſe tirer de la chambre quand les Jéſuites en furent ſortis, & s'en courut au Palais de l'Empereur. Il demanda audience, il l'obtint & declara ce qu'il venoit d'entendre : l'Empereur poſſedé de bonne opinion pour les Jéſuites regarda cela d'abord comme une calomnie. Cependant il en revint, & jugea que le meilleur étoit de prendre ſes précautions. L'hiſtoire ajoûte qu'il ne communia pas le lendemain & que même il trouva moyen de faire prendre au Jéſuite l'hoſtie empoiſonnée, & le Jéſuite ne manqua pas d'en mourir. L'Empereur & la Cour de Vienne ſelon ſa devotion or-

ordonna le secret sous de terribles peines au peu de personnes qui en étoient. Il ne fut pourtant pas bien gardé, il se repandit au moins un peu. Et ce Gentilhomme d'honneur juroit que la chose passoit pour certaine dans Vienne. Si l'on étoit du caractere des Jésuites & des Moines en general on debiteroit cela comme une histoire indubitable; tout de même qu'ils debitent* avec impudence comme veritables, un faux Acte du Synode de Montpazier de ce siecle, & une lettre écrite dans le siecle passé par un nommé Charpentier addressée à Candiois contre les Protestans, pour les rendre coupables des massacres qui ont été executés sur eux, & mille autres pieces semblables. A propos de cette derniere citation, avant que de finir je vous veux faire voir jusqu'où peut aller l'impudence Monachale. Mais pour le present je retourne à mon histoire de Vienne encore une fois, on ne la donne pas pour vraye; & même pour dire tout on n'a pas grande disposition à la croire; Mais quelque fausse qu'elle puisse être, jamais les Jésuites n'empêcheront qu'elle ne paroisse vray semblable, à cause du caractére de la Societé qui est connu de toute la terre. Car il faut avoüer que c'est là le vray manége des Jésuites. Ils n'ont pû corrompre l'Empereur ni l'empêcher de se liguer avec les Hollandois & les Anglois contre le Roy Jacques, Roy Catholique, Roy depossedé, Roy dont ils

Voy la prefate du P. le Tellier défence des nouveaux Chretiens. Et le livre du P. Ste. Marthe sur l'entreprise du Prince d'Orange.

ils attendoient le rétabliſſement de leur domination en Angleterre. Ils n'ont pu ſeduire la Cour de Vienne ni luy perſuader que c'eſt icy une guerre de Religion pour l'aveugler ſur ſes véritables interêts. Ils n'ont pu rompre une ligue qui va à la ruïne de Louïs XIV. leur bon ami, qui a porté le Regne de la Societé plus haut qu'il n'a jamais été. C'étoit leur vray jeu, de rompre la partie en ſe defaiſant de la principale tête : Pendant que l'Allemagne eût été occupée à faire un autre Empereur, la France auroit eu bon temps à pouſſer ſes deſſeins. Cela peut donc être faux, mais jamais on ne ceſſera de le regarder comme probable : veu la conduitte ordinaire des bons Peres. On ſçait que c'eſt là leur train, de ſe défaire des Princes de quelque Religion qu'ils ſoyent qui les incommodent dans leurs deſſeins. On ſçait qu'ils ont fait aſſaſſiner Henry III. Prince Tres-Catholique ; c'eſt un Jacopin qui le fit, mais ce ne fut pas ſans la participation des Jéſuites : on ſçait que leur Pere Guéret avoit inſpiré Jehan-Chaſtel lequel aſſaſſina Henry IV. & le bleſſa à la levre : pour lequel crime le Jéſuite Jean Guignard fut executé en Greve. On ſçait que Ravaillac eſt ſorti de la même école. On ſçait qu'Oldcorne & ſon camarade Jeſuites furent eſcartelés à Londres pour la conjuration des poudres ; & qu'en-ſuitte les

les Jésuites en ont fait des Martyrs, aussi-bien que du Pere Guignard qui fut pendu à Paris pour avoir enseigné une doctrine parricide. On sçait qu'ils ont attenté plusieurs fois d'assassiner Elisabeth Reyne d'Angleterre; on sçait qu'ils ont fait tuer Guillaume Prince d'Orange. On sçait, quoy qu'ils le nient, qu'ils ont voulu faire perir Charles II. Roy d'Angleterre tres-Catholique comme il a paru par sa mort; parce que sa foiblesse les empêchoit d'avancer leurs affaires, & que sa vie étoit un obstacle à l'élevation du Duc d'York duquel ils étoyent parfaitement assurés. On ne doute nullement en Angleterre qu'enfin ils ne se soyent defaits de ce Charles II. par le poison : car il est indubitable qu'il a été empoisonné; Or Dieu sçait par qui & comment. En un mot on sçait qu'il n'y a rien de si auguste & de si sacré dans l'Eglise & dans l'Etat, dont la Societé ne soit toûjours prête à faire une victime quand il s'agit de son avancement. C'est pourquoy ceux qui croiront que l'histoire de Vienne est fausse, la croiront pourtant vray-semblable. Si elle est fausse, au moins elle servira à justifier ce que je disois tout à l'heure que la haine contre la Societé est extréme, dans l'Eglise Romaine même. L'histoire ou la fable n'a pas été forgée à Geneve. C'est à Vienne la plus Catholique Ville qui soit au monde, plus Catholique que

Rome ; C'eſt dans la Cour de l'Empereur le Prince le plus Catholique & le plus devoué aux Jéſuites qui ſoit dans l'Europe : c'eſt dis-je dans un tel lieu, & par de telles gens que s'eſt faite cette hiſtoire : c'eſt une marque d'une averſion affreuſe contre la Societé : les bons Peres ne feront pas mal de nous expliquer cet enigme : comment étant ſi bons, ſi officieux & ſi aimables, ils ſont pourtant ſi terriblement hays.

La Religion des Jéſuites dans l'Europe, prouve tout ce qu'on dit de leur Religion dans les Indes.

Raiſonnons ſur la Religion des Jéſuites dans les Indes comme nous avons raiſonné ſur ces faits. Les choſes ne ſe reſſemblent gueres je l'avoüe. Ces deux faits ne ſont pas encore aſſés bien prouvés, les Jéſuites les peuvent détruire en les niant. Mais pour leur Idolatrie dans les Indes, leur prevarication contre la Religion Chretienne, & l'Idolatrie de leurs nouveaux Chretiens, elles ſont auſſi bien prouvées qu'elles peuvent l'être. Car nous en avons cent témoins de leur propre Religion. Cependant ſuppoſons que le fait ne fût pas auſſi certain qu'il eſt, nous pourrons pourtant raiſonner là-deſſus comme nous avons raiſonné ſur les hiſtoires d'Heydelberg & de Vienne. Pourquoy ne croirions nous pas ce qui nous eſt dit de la Religion des Jéſuites & de leur Religion dans les Indes puiſque dans l'Europe aux yeux de tant de millions de témoins qui les obſerservent ils ne font pas mieux ? On les accuse de n'avoir pas de Religion & de n'avoir aucun dessein de faire des Chretiens dans les Indes. En conscience les Jésuites de l'Europe ont-ils une Religion ? Ils ne sont pas Lutheriens n. Calvinistes. Cela est certain : Mas[1] sont-ils Catholiques ? Eux qui enseignent que l'Eglise n'a aucun pouvoir sur l'interieur, qu'elle ne peut commander les actions spirituelles & interieures; que ses loix sont des loix humaines, & qu'elle n'est qu'un corps politique; Eux qui disent qu'on peut satisfaire aux commandements de communier & de se confesser au moins à Pâques par des actions qui sont de vrays Sacrileges, & par des communions Sacrileges : qu'on peut satisfaire au commandement d'entendre la Messe, en en entendant une petite partie & sans attention, sans devotion interieure. Qu'on peut satisfaire au precepte de la priere en priant sans attention, sans respect, & même avec des distractions volontaires; que pour gagner de l'argent un Prêtre peut dire la Messe en péché mortel, & sans aucune devotion. Auroit-on de la peine à croire qu'ils ne vont point dans les Indes pour faire des Chretiens, puis qu'ils travaillent dans l'Europe à faire de tous les Chretiens autant de Payens ? Selon eux : Il n'est point necessaire d'avoir une foy infuse & justifiante pour être ſauvé, il ſuffit d'avoir une connoiſſance probable de la revelation Divine: La foy inſpirée par la veüe des créatures, eſt ſuffiſante; il ſuffit de croire un Dieu & il n'eſt pas neceſſaire de croire diſtinctement un Enfer & un Paradis: ni d'embraſſer Jeſus-Chriſt Redempteur. Il n'eſt pas non plus neceſſaire d'aimer Dieu, pas même une ſeule fois en toute ſa vie, il ſuffit de craindre les peines. On peut diſſimuler ſa Religion & ſa foy quand on eſt interrogé par des Juges, & ainſi renier Jeſus-Chriſt pour éviter le martyre: On n'eſt pas obligé d'aimer ſon prochain comme ſoy-même; ce n'eſt point un péché mortel que d'appeller Dieu â témoin d'un menſonge. On peut avoir des reſtrictions mentales & jurer ſur des choſes fauſſes ſans avoir aucun égard à l'intention de celuy qui fait jurer. On a juſte cauſe de jurer fauſſement quand cela eſt neceſſaire pour la ſanté, pour l'honneur, pour le bien & pour la vie. Il eſt permis de deſirer la mort de ſon Pere pour avoir ſa ſucceſſion: ſi on l'a tué étant yvre on s'en peut réjouir en veüe d'avoir ſon bien: on peut tuer pour un écu, ou pour éviter quelque infamie; on peut tuer le calomniateur: auſſi peut on tuer celuy de qui on a receu un ſoufflet; on peut faire avorter une fille groſſe pour ſauver ſon honneur; on peut boire & manger tout ſon ſaoul pour la ſeule vo-

lupté

lupté. On n'eſt obligé de donner l'aumône que de ſon ſuperflu ; or à peine trouvera-t-on qu'il y ait du ſuperflu dans les gens du monde ; ainſi ils ne ſont pas obligés de donner l'aumône parce qu'ils ont beſoin de toute leur abondance. On peut uſer de diſſimulation dans les Sacrements, & par conſequent on peut paſſer la conſecration dans la Meſſe ; d'où il arrive que tout un peuple n'adore que du pain, penſant adorer Jeſus-Chriſt. Il eſt permis de derober dans la neceſſité bien qu'elle ne ſoit pas extrême. On n'eſt pas obligé de rendre une ſomme conſiderable qu'on a dérobée pourvu qu'on l'ait dérobée à petites portions. Les domeſtiques peuvent dérober à leurs maîtres juſqu'à la concurrence de ce que meritent leurs ſervices. Ce n'eſt qu'un péché veniel de calomnier & d'impoſer de faux crimes pour ruiner la creance de ceux qui parlent mal de nous. La fornication en ſoy n'enferme aucune malice ; abuſer d'une femme mariée n'eſt pas un adultere ſi le mari y conſent ; la frequente communion eſt une marque de Prédeſtination dans ceux la même qui menent une vie toute payenne ; une perſonne eſt capable de recevoir l'abſolution encore que par une coupable negligence elle ne ſçache rien du myſtere de la Trinité, ni de l'Incarnation de Jeſus-Chriſt. Voilà veritablement & ſans deguiſe-

ment

ment la Religion des Jésuites dans l'Europe. Et n'est-ce pas là un veritable renversement du Christianisme ? Aprés cela on trouvera incroyable ce qui se dit de la Religion des Jésuites dans les Indes ! Pour moy je trouve que tout ce qu'on dit de leur conduitte en ce pays-là, de leur doctrine & de leurs nouveaux Chretiens, ou ne sont que des peccadilles en comparaison de ces horreurs : ou ce ne sont que des suittes necessaires de ces maximes qui s'enseignent dans leurs écoles & qui se trouvent dans leurs livres. Pourquoy ne croirions nous pas, par exemple, qu'ils laissent ignorer à leurs nouveaux Chretiens Jesus-Christ & sa croix, le mystere de l'Incarnation & celuy de la Trinité pour ne les pas scandalizer ; puis qu'à nos yeux ils permettent à leurs devots d'ignorer ces mysteres, & ne leur refusent pas l'absolution ? Pourquoy ne permettroyent-ils pas l'Idolatrie à leurs nouveaux Chretiens à quatre ou cinq mille lieuës d'icy, puis qu'au milieu de l'Europe, il n'y a point d'abomination qu'ils ne commettent & qu'ils ne permettent en ce genre ? On peut voir le livre du Pere Crasset, contre les avis de la Vierge à ses devots indiscrets, & l'on peut voir ce que pensent de cela les sages de l'Eglise Romaine même. Au reste d'où avons nous tiré cette doctrine entierement Anti-Chretienne qui fait la Religion des

des Jésuites de l'Europe, dont nous venons de donner un petit abbregé ? Est-ce des Calvinistes & des Lutheriens ? C'est de leurs propres Autheurs ? Ce n'est pas même des Jansenistes leurs ennemis : c'est d'Innocent XI. leur Pape & le Chef de l'Eglise : car toutes ces propositions sont du nombre des 65. qu'il a condamnées par sa Bulle du mois de Mars 1679.

Ces bons Religieux le soûtien & l'appuy du Christianisme, ont bien profité de ce châtiment de leur Pere commun. Depuis ce temps là ils n'ont été ni moins hardis ni moins temeraires à avancer des doctrines affreuses, & tout à fait opposées à la Morale Chretienne, & aux plus véritables principes du Christianisme. Fut-il jamais rien avancé de plus detestable que la nouvelle Theologie des Jésuites de Dijon soutenüe par les Jésuites de Flandres, *qu'il y a deux especes de péchés, les uns Philosophiques & les autres Theologiques ; que le péché Philosophique ou Moral est une action humaine contraire à ce qui convient à la nature raisonnable & à la droite raison. Mais que le péché Theologique mortel est une libre transgression de la loy de Dieu ; que le peché Philosophique quelque grief qu'il soit étant commis par celuy, ou qui n'a point de connoissance de Dieu, ou qui ne pense point actuellement à Dieu peut-être un péché fort grief, mais n'est point*

point une offense de Dieu, ni un péché mortel qui rompe l'amitié de l'homme avec Dieu, ni qui merite la peine éternelle. Ce sont les propres termes de leur These soutenüe publiquement à Dijon, au mois de Juin 1686. Cette These contient ces trois propositions : la 1re. Que ceux qui ne connoissent point Dieu, c'est-à-dire, les Payens & les Athées au milieu du Christianisme ne peuvent pécher mortellement, ne peuvent offenser Dieu & ne peuvent être damnés quoy qu'ils facent : Soyent-ils Adulteres, Fornicateurs, Sodomites, Meurtriers, Parricides & tout ce que l'on voudra. La seconde proposition, c'est que les Chretiens qui ne s'appliquent pas à la consideration de leurs devoirs, & qui ne pensent pas actuellement à Dieu quand ils péchent ne sçauroyent offenser Dieu, pécher mortellement, ni meriter la mort éternelle par tous les desordres, les violences, les assassinats, les impuretés les plus abominables où ils se laissent aller pour satisfaire leurs passions.. Et la troisiéme enfin c'est qu'on n'offense jamais Dieu que quand on a formellemement intention de l'offenser; péchés, beuvés, tués, violés, pillés, corrompés des femmes, couchés avec des hommes, si c'est pour satisfaire vos passions & non pour offenser Dieu & sans penser à luy : vous ne commettés que de petits péchés qui ne sçauroyent

royent rompre l'amitié de Dieu & vous damner. C'eſt la Theologie de ces gens qui accuſent inſolemment les Proteſtans de faire Dieu autheur du péché, d'avoir ôté la difference du péché veniel & mortel, d'enſeigner que les adulteres & les parricides ſont compatibles avec l'état de grace & la poſſibilité d'être ſauvé. Ce n'eſt pas que cette doctrine des Jéſuites ſoit nouvelle, car c'eſt preciſément la Morale qui s'enſeigne conſtamment chés eux depuis tant d'années, *qu'une action humaine ne ſauroit être mauvaiſe, quand on n'en connoît pas la malice. Qu'un homme qui ignore Dieu d'une ignorance invincible, l'ignore ſans crime, & ne ſçauroit pécher contre Dieu : que ce qui eſt fait avec une bonne intention ne peut être mauvais ; que ceux qui ſe plongent dans la debauche uniquement pour ſatisfaire les deſirs de la chair ne péchent que veniellement.* Ainſi la Theſe de Dijon n'eſt proprement qu'une ſuitte ou plûtôt une explication de leur ancienne Morale. Il ſuffit d'avoir tiré le voyle de deſſus ces horreurs pour en faire voir toute la grandeur. Si l'on veut voir plus diſtinctement, ce que renferme cette abominable hereſie, on le peut trouver dans le petit ouvrage intitulé *Nouvelle hereſie dans la Morale, denoncée au Pape, aux Eveſques, aux Princes & aux Magiſtrats*, imprimé dans cette même année

année 1689. & que nous avons fait joindre à notre écrit, comme une piece qui merite d'être luë. Pour moy la conclusion que j'en veux tirer, c'est qu'encore une fois, il nous est impossible de croire que les Jésuites ayent de la Religion dans les Indes puis qu'ils abjurent publiquement le Christianisme dans l'Europe par leur Morale veritablement *infernale*. Ce seroit leur faire trop de grace que de l'appeller simplement *Payenne*, car les Payens eux mêmes n'ont jamais connu ces affreux principes. Ils ont cru que les gens qui pechent sans penser à leurs devoirs, sansse donner la peine de s'en instruire, & sans s'y appliquer, n'en péchent que plus mortellement.

Enfin pourquoy ne croirions nous pas des témoins oculaires qui nous disent, que dans la Chine les Jésuites n'ont pas d'autres Dieux que les Roys du pays, & qu'ils n'ont d'autre but que de s'enrichir & de regner ? Puisque dans l'Europe & à notre presence nous les voyons sacrifier, honneur, Religion, Princes & sujets à leur grandeur. De qui sçavons nous que les bons Peres pillent les maisons de Veuves & des Orfelins, qu'ils enlevent aux autres Ordres, leurs maisons, leurs revenus, leurs benefices, & leurs Abbayes ? Ils ne se sont enrichis que de ces vols. D'où sçavons-nous les banqueroutes frauduleuses par les-

lesquelles ils privent les familles de leurs biens pour s'en enrichir ? qui nous a appris que non seulement ils trafiquent, mais exercent des monopoles infames, qu'ils serrent le bled en temps de famine ? Et ce fut cette espece de crime avec quelques autres encore plus abominables qui les firent chasser de Malthe. Je vous prie quelle doit être cette Societé qu'on ne peut souffrir à Malthe. Malthe le centre où se rendent tous les jeunes gens de l'Europe ; où est le concours de toutes les impuretés de toutes les Cours ; Malthe peuplée d'une jeunesse plongée dans les plus sales debauches. Malthe l'égout & non le rempart de toute la Chretienté. Les Jésuites se sont trouvés pires que ces gens la, on ne les a pu souffrir dans ce lieu : on les embarqua dans un Navire & on les renvoya en Sicile. Autre preuve de l'aversion universelle qu'on a pour cette sainte Societé. Ne voyons-nous pas nous mêmes la conduitte de ces Peres ? Ne les voyons-nous pas adorer les Princes, en faire des Idoles, & seduire les Grands, chercher des richesses par tout, établirleur regne en tous lieux, dominer dans les Cours, flatter les passions, nourrir les mondains dans tous leurs desordres, & les entretenir dans tous leurs crimes ? Voilà Monsieur quelle est la Religion des Jésuites dans les deux mondes. En verité il seroit de la prudence

dence de la Societé de se taire de, s'ensevelir dans le silence & de prier le monde de les oublier, car on n'en sçauroit parler qu'il ne leur en coûte. Ils n'auroient pas mal fait de laisser là l'Autheur de l'esprit de M. Arnaud, ou de ne revenir pas sur luy jusqu'à la cinquiéme & sixiéme fois. Peut-être n'auroit-il pas pensé à eux. Ils ont bonne grace de reprocher à cet autheur, *Qu'il se jette sans discernement à droite & à gauche pour déchirer inhumainement tout ce qui se rencontre, & qu'il medit avec une temerité punissable de tout ce qu'il y a de plus saint & de plus auguste dans l'Eglise & dans l'Etat.* Au moins il ne dechire qu'avec la langue, au moins il ne répand que de l'encre, des paroles & du fiel. Mais ces bons Peres déchirent avec les ongles & avec les dents; ils répandent le sang. Ils n'épargnent pas la vie de ce qu'il y a de plus saint & de plus auguste dans les Etats. S'ils sont sages ils nous laisseront en paix, afin qu'on les y laisse. Ils sçavent qu'on pourroit dire beaucoup d'autres choses qu'ils ne seroient pas fort aises d'entendre.

Vous voyés, Monsieur, que je vous ay mené bien plus loin que vous ne vous attendiés d'aller. Mais il en faut revenir & faire enfin ce que vous m'avés demandé, c'est de vous dire ce que je pense de la Lettre que le P. Menestrier a donné au public pour défendre l'inscripſcription qu'il a fait mettre ſur le beau feu d'artifice qui ſe fit pour celebrer l'autre jour l'érection de la ſtatuë du Roy dans la Cour de la Maiſon de Ville. Je ſuis d'avis que nous mettions icy la piece entiere afin de l'avoir devant les yeux. Auſſi bien merite-t-elle d'être conſervée à la poſterité autrement qu'en feuille volante.

LETTRE A MR. ***

Sur la Deſcription du Feu d'Artifice de l'Hoſtel de Ville, ſous le titre du TEMPLE DE L HONNEUR.

AUriez vous crû, MONSIEUR, qu'il y eut des perſonnes aſſés delicates pour ne pas approuver le titre de TEMPLE DE L'HONNEUR, dont je me ſuis ſervi au deſſein du feu d'artifice preparé pour l'erection de la Statuë du Roy dans l'Hôtel de Ville de Paris ? Ce terme leur a paru ſentir les reſtes de l'Idolatrie, & ils ont crû qu'en un temps ou tant de perſonnes ont tout recemment abjuré leurs erreurs pour embraſſer la Religion Catholique, il ſeroit

ſeroit d'une conſequence dangereuſe de voir par authorité publique élever un *temple de l'honneur*, & rapeller le Paganiſme dans une Ville Chretienne, pour y ériger une Statuë à un Roy trés-Chretien, qui s'eſt déclaré de tant de manieres le protecteur de la Religion.

Comme je ſuis perſuadé que cette delicateſſe eſt un pur effet d'ignorance, ou la malignité n'a point de part, je croy avec l'Apôtre S. Paul, que les perſonnes de mon caractére ſont autant obligées a corriger les erreurs des ignorans, qu'à ſatisfaire les perſonnes les plus éclairées dans les doutes raiſonnables qui peuvent naître dans leurs eſprits.

Sapientibus & inſipientibus debitor ſum. Rom. 1.

Ces perſonnes auroient ſoûhaité qu'on eût employé le mot de *Palais de l'Honneur*, plûtôt que celuy de *Temple*, auſſi peu inſtruits du ſens veritable de ce terme, que de la ſignification naturelle de l'autre.

Le mot de *Temple* ne ſignifie pas proprement un lieu conſacré, ni purement affecté à des exercices de Religion. Il ſignifie un lieu élevé & tellement diſpoſé qu'il peut être

être vû de tous côtez, d'où vient le mot de *contempler* pour dire considerer & regarder avec une profonde attention. Les Augures, qui faisoient profession aux siécles de l'Idolatrie de conjecturer sur l'avenir par l'inspection du Ciel, donnerent le nom de TEMPLES à ses quatre Parties que nous nommons points Cardinaux, & y observoient exactement les Phénomenes dont ils se servoient pour établir leurs conjectures.

Ils donnerent le même nom aux endroits de la terre les plus découverts, d'où ils observoient le vol des oiseaux & entre les formules qu'ils employoient en désignant ces lieux, ils donnoient le nom de *Temple* à certains buissons plus remarquables que les autres, en disant *Templa tesqua sunto.*

Templum propriè locus, vel in cœlo notatus ab Augure vel in terra à tuendo id est conspiciendo dictum.

Le Ciel se nommoit Temple dit le Grammairien Donat, parce qu'on le voit de tous côtés, & que d'abord il se presente aux yeux de tout le monde. Ainsi comme le mot de Ciel que la Religion a consacré n'empêche pas qu'on ne s'en serve pour

pour exprimer le plafond d'un lit, que l'on nomme communement *ciel de lit*, je ne voy pas pourquoy on ne pourroit pas retenir le mot de Temple pour dire un lieu public, éminent, considerable, célébre, distingué, puisque même Ciceron s'en sert pour exprimer le Palais. *Curia est sedes ac templum publici consilii*, N'est-ce pas ainsi que l'on peut nommer l'Hôtel de Ville de Paris, à l'exemple de celuy dont Ciceron a dit. *Curia Hostilia Templum erat, licet sacra non esset.*

quod ex eo omnis pars aspici possit. Primò autem cælum ipsum dictum est Templum, quia ipsum primò tuemur. Donatus.

Cic. pro domo.

Les parties de la Langue sont nommées par Lucrece *Templa linguæ.* Il donne le même nom aux pensées les plus secretes qu'il appelle les Temples de l'esprit. *Templa mentis.* Nous nommons aussi les deux côtés de la tête entre l'œil & l'oreille *Temples* de *Tempora* sans que personne en ait été jusqu'à present scandalisé.

Lucr. l. 4.

Mais quand même ce terme ne conviendroit qu'à des édifices Sacrés, pourquoy ne pourroit-on pas dans un sens figuré s'en servir pour les puissances de la terre, qui sont des

des personnes sacrées ? On a bien souffert que durant plus d'un siécle les hérétiques donnassent le nom de *Temples* aux lieux de leurs assemblées, qui n'étoient que des lieux où le mensonge, l'erreur, & l'impieté exerçoient une fausse Religion: car on ne peut pas dire que le Temple de Charenton fust le Temple de Dieu. On souffroit aussi par un abus encore moins soûtenable que l'on nommât les hérétiques *Messieurs de la Religion*, nom qu'ils avoient injustement usurpé, puisqu'ils étoient en effet les ennemis déclarés de la Religion qu'ils avoient voulu détruire en prétendant de la reformer.

Sidonius Apollinaris qui fut un grand Evêque, & un Saint canonisé, n'a pas eu la delicatesse de nos scrupuleux, luy qui adressant des Vers à l'Empereur Anthemius, que Theophanes appelle un homme tres-Chretien, qui a gouverné l'Empire avec beaucoup de pieté & de Religion, luy offre le sacrifice de toutes les langues ; & l'asseure que tous les cœurs des Romains vont être autant

 de

de Temples où il recevra & leurs vœux & leurs respects,

Ergo colat variæ te Princeps Hostia linguæ,
Nam nova Templa tibi Pectora nostra facis.

On pourroit donner cent exemples des Temples de la Gloire, de la Renommée, de la Justice, de la Paix, de la Sagesse, de la Valeur, de la Memoire, de l'Immortalité, dont tous les écrits non seulement des Poëtes, mais encore de nos Orateurs & de nos Historiens même sont remplis, ce qui a fait dire fort plaisamment à un homme d'esprit, que les faiseurs de Decorations étoient des *Templiers* parce qu'il ne voyoit de tous côtez que Temples, de la Reconnoissance, de la mort, de la Gloire, &c.

Ce n'est pas, MONSIEUR, le seul scrupule qu'on a eu sur la description de cette Fête. L'inscription generale de ce pretendu Temple de l'Honneur a tout à-fait scandalisé ces zelez : Quoy ! dire de la ville de Paris à l'égard du Roy,

De-

Devota numini Majestatique ejus. Cela n'est-t-il pas une pure flatterie du Paganisme, qui reconnoissoit les Empereurs & les Puissances de la terre pour des Divinités? Autre scrupule qui naît d'ignorance ainsi que le premier.

Car le mot Latin *Numen*, ne signifie pas en son sens naturel la Divinité, mais la *Volonté*. C'est un mot formé d'un ancien Verbe qui n'est plus en usage. *Nuo volo*, d'où l'on a derivé *nutus* : *annuo*, *innuo*, *renuo*. Ciceron nomme l'authorité du Senat *Numen Senatus*. Virgile dit,

Non hæc sine numine divûm.

Pour dire que cela n'est pas fait sans la volonté des Dieux.

Ainsi quand on dit de la Ville de Paris *Devota numini majestatique ejus*. Cela veut dire dévoüée à l'authorité & à la Majesté du Roy, c'est-à-dire, à son service. Cependant pour prévenir les esprits foibles, on avoit rendu ces mots Latins en ceux-cy de notre Langue. *Devouée à Dieu & au service du Roy*, qui

qui est l'image de la MaJstéDi.. vine.

S'il y avoit de l'impiété à se servir de ces termes pour les puissances de la terre, qui sont hommes comme nous, il faudroit s'en prendre à Dieu même, qui leur donne le nom de *Divinitez* dans les Oracles Sacrés. *J'ay dit vous estes des Dieux*, dit-il aux Princes & aux Magistrats dans le Psea. 81. & le Fils de Dieu se servit de cette authorité pour se justifier contre les Juifs qui l'accusoient de blasphemer quand il se nommoit Fils de Dieu. *N'est-il pas écrit dans votre Loy*, leur dit-il, *j'ay dit que vous estes des Dieux? Si donc elle appelle Dieux ceux à qui la parole de Dieu est adressée, & si l'Ecriture ne peut être détruite, comment dites-vous que je blaspheme, &c.*

Ego dixi dii estis. Psal. 81.

S. Jean ch. 6.

On ne trouvera pas un seul endroit dans l'Ecriture ou le mot de *numen* ait été employé pour signifier la Divinité, & il n'est pas plus consacré que celuy de Majesté que l'on donne sans scrupule aux Rois, quoy qu'il soit proprement un attribut de la Divinité. Enfin on n'a jamais ac-

accusé d'impieté les Recteurs des Universitez, de s'arroger un titre qui ne peut convenir qu'à Dieu seul, qui est si souvent nommé par les Peres de l'Eglise *Rector Universitatis.*

Aprés cela, MONSIEUR, je ne doute pas que les plus scrupuleux ne doivent être satisfaits sur ces deux termes, qui ont excité leur zele un peu mal à propos, puisqu'il ne faut avoir qu'une mediocre connoissance de la langue Latine, & de l'usage de ces mots pour appaiser tous les scrupules, qu'une pieté delicate peut faire naître dans des ames un peu plus timides qu'instruites des mysteres de nôtre Religion.

Vôtre tres-humble & tres-obeissant serviteur C.F.M.

Permis d'Imprimer. Fait ce 7. Juillet 1689.
DE LA REYNIE.

A PARIS, Chez Robert I. B. de la Caille, ruë saint Jacques, aux trois Cailles, où se vendent les Devises, Emblêmes, Decorations, & autres Ouvrages du R. P. Menestrier.

Croyés vous, Monsieur, que le P. Menestrier ait publié cette piece pour lever les scrupules des personnes delicates, comme il le dit ? Je ne sçai ce que vous en croyés, mais je sçay bien ce que vous en devés croire; & ce que j'en crois. Ne vous imaginés pas cela: Il a trop d'esprit pour prendre sa Lettre pour une Apologie. Assurés vous qu'il a voulu divertir le public pour luy faire oublier le scandale qu'il luy a causé; il sçait que les dernieres impressions sont celles qui demeurent. Les ames les plus devotes luy auront tant d'obligation des bons moments qu'il leur a fait passer par sa Lettre, qu'ils luy pardonneront aisement les chagrins, que ses inscriptions impies leur avoyent fait souffrir. Je parle serieusement, & je ne pense pas qu'on ait vû depuis long-temps une piece aussi divertissante en ce genre.

Le Public à été scandalisé de trois termes qui se sont trouvés dans l'inscription, celuy de *Temple*, celuy de *Divinité*, celuy de *Pieuse*, auxquels on peut bien ajoûterceluy de *devouée* & celuy de *vœux publics*.

La ville de Paris *pieuse*, fidéle, obeïssante, *devouée par des vœux publics* à la *divinité* & à la majesté du Roy Louïs le Grand, Pere de la Patrie, pour monument de son respect luy dédie & luy consacre *un Temple*.

Le P. Menestrier suppose qu'il n'est ap-

appellé dans cette affaire *qu'à corriger les erreurs des ignorans*. Et moy je croy qu'il aura beaucoup plus de peine à satisfaire les ſavans que ceux qui ne le ſont pas. Car tous ceux qui ſont mediocrement ſçavans dans les antiquités payennes ſentent bien que cette inſcription a tous les caractéres des conſécrations payennes qui ſe faiſoyent à la divinité: les ignorans n'ont été choqués que du *numen*, du *Templum* & peut-être un peu du *pia*. Mais ils n'ont pas obſervé que les *vœux publics*, *vota publica* étoient un culte dans le Paganiſme qui ne ſe rendoit qu'aux Dieux en faveur des Empereurs pour leur vie, leur ſanté, leur proſperité. En même temps les Prêtres ſacrifioyent à la divinité à laquelle on adreſſoit les vœux publics pour le Prince. Et ordinairement le Prince faiſoit en ces occaſions fraper une Médaille, ſur laquelle il étoit peint avec ces mots à l'entour *Vota publica*. On trouve dans les Cabinets des curieux un Sévére, un Géta, une Criſpine & pluſieurs autres ainſi marqués. De plus les paroles *Devota numini* devouée à la Divinité, n'ont jamais été dites que pour un Dieu. Quand le mot de *Devotus* à part, & celuy de *Numen* auroyent été attribués à de ſimples hommes ſéparément, joints enſemble ils n'ont jamais été appliqués qu'aux divinités. Il ne faut donc pas ſeulement conſiderer les termes

mes de cette inscription chacun à part, il les faut regarder conjointement. *Un Temple devoué à la divinite de Louïs, par des vœux publics, par une ville pieuse & devote.* Je soutiens que c'est un composé le plus impie qui ait jamais été fait : & que dans les inscriptions des Temples payens, il n'y en a jamais eu aucune qui marquât d'une maniere plus forte, le culte divin & suprême qu'on rend it aux Dieux. C'est au Pere Menestrier à prouver le contraire. Et si nous voulions citer ce qu'on pourroit ramasser icy d'antiquités, je pourrois l'accabler de preuves la-dessus. Mais Monsieur, je n'ay aucun dessein de vous rendre sçavant sur la matiere. Nous voulons nous divertir aux dépens du Pere & non pas nous rompre la tête à faire une dissertation de critique. Si vous avés quelque scrupule la-dessus, vous pouvés vous satisfaire aisément, & sans vous engager dans une grande lecture feuilletés en courant Lilius Gyraldus, Gruterus, Reynesius, Boissard, Victorius, Onuphrius, Rosinus, du Choul, & tous ceux qui ont écrit, ou de la Religion, ou des antiquités de Rome payenne, ou des inscriptions ; & vous verrés que les mots de *Templum*, de *devota*, de *pia*, de *vota publica*, de *numen*, sont tous termes consacrés à la Religion. Ecoutons pourtant le Pere sur ses justifications.

Au-

Auriés vous cru, dit-il, *qu'il y eût des personnes assés delicates pour ne pas approuver le tiltre de TEMPLE DE L'HONNEUR, dont je me suis servi au dessein du feu d'artifice?* Le Pere nous veut icy faire prendre le change, & nous détourner du veritable objet de notre scandale. Ce n'est pas principalement du nom general qu'il a donné à sa figure que le scandale est né. Il a voulu appeller cette figure le *Temple de l'Honneur*. C'est un style payen qu'on a laissé aux Poëtes, ils nous font des Temples de la gloire, de l'amour, de la mort, de la vertu, de la justice, de la paix. Je trouve que le bon mot qu'il fait dire à son bel esprit à ce sujet, que *les faiseurs de decorations étoyent des Templiers*, est une assés froide allusion. Le Pere Menestrier montre icy comme en beaucoup d'autres choses, qu'il n'a pas le bon goût pour ce qu'on appelle bel esprit; mais quoy qu'il en soit ce n'est pas cela dont nous luy faisons un crime; puisqu'il est Poëte & Décorateur de profession, & non Ministre de Jesus-Christ, il pouvoit donner à sa figure le nom de Temple de l'Honneur ou de la gloire. L'équivoque n'est pas à craindre, parce que chés les Chretiens, les vertus ne sont pas conceües comme des personnes. Or on ne peut faire des Dieux que des personnes, comme on ne peut ériger de vrays Temples qu'à des

des Dieux. Ainsi il est clair que des Temples érigés à des vertus ne peuvent être que des emblemes & des metaphores. Mais le scandale est dans le Temple dedié à Louis le Grand, *La ville de Paris devotement luy consacre un Temple.* Louis le Grand est une personne, semblable à celles que les Payens déifioyent par les *Apotheoses*; & auxquelles ils consacroyent de vrays Temples. Ainsi c'est une pure imitation du Paganisme, & une veritable impieté.

Cecy n'est donc qu'une petite chicane, mais voicy venir les grandes justifications, que nous rangerons en diverses Classes: la premiere c'est celle des Etymologies. *Le mot de Temple ne signifie pas proprement un lieu consacré ni purement affecté à des actes de Religion*, dit le Pere. Et pourquoy? Parce que ce mot signifie originellement un endroit que les augures marquoyent pour y observer le Ciel; & sur la terre, c'étoit un lieu que l'on cherchoit, & que l'on designoit pour contempler & observer le vol des Oyseaux. Il en est de même du mot de *Numen. Ce mot Latin*, dit il, *ne signifie pas en son sens naturel la divinité, mais la volonté; c'est un mot formé d'un ancien verbe qui n'est plus en usage* Nuo, Volo, *d'ou l'on a dérivé* Nutus. *Ainsi, devota numini Regis*: *cela veut dire devoué à l'authorité & à la majesté du Roy.* Qu'on est heureux d'avoir

voir dans son cabinet, un Calepin, ou un *Etymologicum magnum*, on n'est jamais surpris, on peut dire & écrire toute sorte de sottises impunement, on trouve là de quoy se justifier pleinement. Mais nous autres qui ne sommes pas Grammariens & qui ne connoissons guéres Calepin, nous ne trouvons pas la dedans notre fait. Si une fois on établit ce principe que dans l'employ des termes, il ne faut pas avoir égard à la signification presente que leur a donné l'usage, mais à leur premiere origine, il va arriver un grand bouleversement dans les langues & il faudra que nos barbons retournent à la grammaire; parce que le mot de *Démon* dans son origine a signifié un esprit pur, heureux & bienfaisant, ceux qui pensent designer aujourdhuy par là un esprit impur & malheureux s'expriment bien mal; & desormais il faudra appeller les Anges des Démons. Si parce que les noms qui sont aujourdhuy consacrés à la Divinité & à son Culte ont tiré leur origine de quelque chose qui n'est rien moins que saint, il est permis de donner ces noms à des choses profanes, la Religion n'a plus de langage, nous luy pourrons enlever tous ses termes & les donner aux choses les plus profanes, car elle n'a pas un terme qu'elle n'ait emprunté du monde. Le mot *Theos* qui signifie Dieu chés les Grecs, & d'où les Latins ont tiré

 leur

leur *Deus*, vient d'une racine qui signifie *courir*, ou d'une qui signifie voir & regarder : Selon la methode du P. Menestrier il me sera permis d'appeller tous les chiens courants, ou toutes les aigles des *Dieux* & de leur dedier des Temples ; parce que le mot *Dieux* ne signifie que des animaux qui courent ou qui voyent bien. En verité, c'est se moquer des hommes que de se vouloir justifier de l'abus des termes en recourant à l'ancienne origine de ces termes ; c'est l'usage present & non l'Etimologie, qui regle la signification des mots. Je demande au Pere Menestrier en quelle signification il a pris le mot *Temple* ? L'a-t-il pris dans l'ancienne signification ou dans la nouvelle ? S'il l'a pris dans la nouvelle, le voilà coupable du crime dont nous l'accusons, c'est d'avoir fait un Dieu de Loüis le Grand. Il faut donc pour que sa justification lui vaille quelque chose qu'il l'ait pris dans l'ancienne signification. Et ainsi il aura bien trompé tout Paris, car on croyoit voir un Temple sur la place de Greve, & il se trouve que c'étoit un *Observatoire* ; lieu pour contempler les astres, car pour observer le vol des oiseaux, cela n'est plus de notre usage. Mais ce qu'il y a de plus singulier c'est que le P. Menestrier s'est justement fait son procés par la raison qu'il employe icy pour se justifier. Il n'a pas, dit-il, failly en attribuant un un *Temple* à Louis le Grand, parce que le mot de Temple ne signifie *pas proprement un lieu affecté à des exercices de Religion*; c'étoit un nom que les Augures donnoyent aux endroits de la terre d'où ils observoyent le vol des oyseaux. Le P. Menestrier nous feroit grand plaisir s'il nous prouvoit avec sa grande litterature que les Augures n'étoyent pas dans la Religion Payenne les principaux Ministres des Dieux, & que cette observation du vol des oyseaux n'étoit pas entre les Payens un acte de Religion: Jusqu'icy tout le moude a compris que cette observation du vol des oyseaux étoit un des actes les plus sacrés de la Religion Payenne, car ils croyoient que les Dieux dirigeoyent le vol des oyseaux, pour faire connoître aux hommes l'avenir. C'étoit donc consulter les Dieux: Or jamais on n'a ouy dire que consulter les Dieux ne fût pas un acte de Religion. Ce qu'on appelloit alors *Temple* étoyent les lieux destinés à consulter les Dieux; donc *ils étoyent purement affectez à des exercices de Religion.* Aussi marquoit-on des bornes à ces lieux, afin que personne ne les violât; on les consacroit même par des ceremonies, on y invoquoit la divinité, on y faisoit des sacrifices, afin que les Dieux favorables donnassent d'heureux auspices. Et en effet de là est venu que tous les lieux consacrés au culte des Dieux ont été appellés

pellés *Temples*. Il n'est pas plus heureux sur l'ancienne signification du nom de *Numen*. Elle est tout-à-fait contre luy. Ce mot, dit-il, vient du vieux mot latin N*uo* qui signifie vouloir, *Numen* c'est-à-dire volonté. Mais le Pere qui a si fidelement copié son Calepin sur le reste, ne devoit pas le negliger icy. *Numen*, dit Calepin, *propriè nutus, voluntas & potestas Dei est. Numen signifie proprement la volonté & la puissance des Dieux*. Ce n'est donc pas la volonté des Roys. En effet jamais ce mot ne se prend chez les anciens Autheurs latins que pour la divinité & la volonté divine, un endroit ou deux où Ciceron par une licence d'Orateur s'est donné la liberté de l'appliquer metaphoriquement à l'authorité du Senat ne suffisent pas pour arracher ce mot des Autels & le rendre aux choses profanes. Dans les siécles de la décadence de la Langue Latine on a quelque fois donné du *Numen* aux Empereurs. Mais cette flatterie étoit une anticipation de l'honneur de l'Apoteosé qu'on leur promettoit aprés leur mort. Enfin j'ay à dire contre le P. Menestrier, ce que j'ay déja dit au sujet du terme *Devota*, qu'il ne faut pas considerer les termes de l'inscription séparément. Les Orateurs & les Poetes se donnent de grandes licences dans les Metaphores, mais je soutiens que le mot *Templum* joint à ce-

luy

luy de *Numen*, avec un *Devota*, exprime tout le culte qu'on rendoit aux Dieux.

Aprés les Etimologies vient une armée d'équivoques pour la défence du pere. Pourquoy trouver mauvais, dit-il, qu'on appelle Temple, un édifice élevé à l'honneur de Loüis le Grand *puisque l'on appelle bien Temples les deux côtez de la tète entre l'œil & l'oreille sans que personne en ait été scandalisé.* Lucrece appelle les parties de la langue *Templa linguæ*. Pour achever de copier son Calepin, il devoit ajoûter que le mot *Templa* dans Vitruve signifie des chevrons de traverse qui viennent appuyer sur deux murs pour soûtenir l'édifice: mais ce qu'il ajoûte est bien meilleur, qu'on appelle *Ciel* le platfond d'un lit: Ne vous l'avois-je pas bien dit. Monsieur que le P. Menestrier avoit voulu nous divertir? En verité ce sont là de ces sortes de choses auxquelles on ne sçauroit donner de nom, on ne sçauroit ni en rire ni en pleurer. Cela n'est pas assés serieux pour en pleurer, & cela est trop pitoyable pour en rire. Cependant c'est un des endroits par où le P. Menestrier a cru pouvoir détruire le scandale par le plaisir. Nous le prions de se déterminer & de nous dire, si par le Temple de Loüis le Grand, il a entendu ou les deux côtés de sa tête ou les parties de sa langue, ou ses

ses pensées secretes, ou bien un lieu consacré pour le culte : si c'est le dernier à quoy bon ces diverses significations des deux sillabes *tem*, *ples* ? Si quelqu'un disoit au Pere Menestrier qu'il est un chien & un impudent, n'auroit-il pas bien lieu d'être satisfait de l'éclaircissement si on luy disoit en-suitte qu'il ne se doit pas irriter, parce qu'il y a dans le Ciel un Astre considerable qui s'appelle *Canis Major* le grand chien, & un autre la *Canicule*, c'est-à-dire le petit chien ?

Mais, Monsieur, dites moy qu'avés vous senti sur le *Rector Universitatis* ? Monsieur le Recteur de l'Université n'auroit jamais deviné pouvoir entrer dans la justification du Pere Menestrier. Il est bien aise de se voir là avec toute sa suitte ; car en qualité de Recteur il doit être précedé par ses bedeaux, & suivi par tous les membres des Colleges. On appelle bien un homme de Robe *Recteur de l'Université*, donc on peut bien appeller Louis *Notre Divinité*, luy bâtir un *Temple*, luy addresser des *vœux publics*, & luy être *devoué* dans toutes les formes. La raison c'est que les Peres attribuent à Dieu le tiltre de *Rector Universitatis* Gouverneur de l'Univers. Gouverner l'univers, & se trouvera la tête de plusieurs Docteurs, c'est à peu prês la même chose. Aujourdhuy on appelle un Docteur *Gouverneur de l'Univers*, donc on peut appeller *Dieu &* vôtre *votre divinité*, un Roy conquerant. Les anciens Docteurs qui ont donné à Dieu le tiltre de *Rector Universitatis* n'ont pas eu l'esprit de Prophetie, & ne sçavoient pas qu'on donneroit quelque jour ce nom aux Regents des Colléges, sans doute s'ils l'avoyent prevu ils nous auroient averti de ne nous pas laisser tromper par l'équivoque & par la grande dissemblance qui est dans les choses aussi bien que dans les termes.

Pour ce qui est des pauvres Huguenots, il y a long-temps qu'ils sont en possession de souffrir. C'est pourquoy ils ne trouvent point étrange que le P. Menestrier les tire icy par belle violence comme à la Messe pour les employer à sa justification. Aprês avoir souffert ce qu'ils ont souffert, ils peuvent bien souffrir qu'on les mette au nombre de ceux qui n'ont ni Dieu ni Temples. *On a bien souffert*, dit il, *que durant plus d'un siécle, les hérétiques donnassent le nom de Temples aux lieux de leurs Assemblées. On ne peut pas dire que le Temple de Charenton fût le vray Temple de Dieu.* Si ce n'étoit pas le Temple du vray Dieu c'étoit donc le Temple du Diable, de Juppiter, de Junon, ou de quelque autre Demon adoré sous le tiltre de Dieu. Dieu unique en son essence ayant trois personnes, manifesté en chair, crucifié pour les péchés des hommes étoit le Dieu au-

auquel étoit consacré le Temple de Charenton. Mais le Dieu de Charenton n'étoit pas le vray Dieu selon le P. Meneſtrier. Au moins ce n'eſt pas le Dieu des Jésuites, car ils ne connoiſſent & ne reſpectent gueres ſes loix. Un eſprit un peu plus ſage que n'eſt celuy du Pere Meneſtrier n'auroit pas nié que le Temple de Charenton ne fût consacré au vray Dieu, mais il auroit dit que dans ce Temple consacré au vray Dieu, le vray Dieu n'y étoit pourtant pas servi d'une maniére qui luy fût agreable. Mais à quoy auroit ſervi cela pour la juſtification du Pere? A rien: Ainſi il valoit bien mieux dire une ſottiſe & une impertinence & paroître dire quelque choſe à propos. Je dis *paroître*: car quelque tour qu'on donne a cette obſervation du P. Meneſtrier on n'y ſçauroit trouver de bon ſens ni rien qui le juſtifie. Quand le Temple de Charenton auroit été dédie à Pluton ou aux furies, ç'auroit toûjours été ſous le tiltre de Dieux que cet édifice leur auroit été dedié. Il demeureroit toujours vray que l'on ne bâtit plus de Temples qu'à Dieu, où à ceux que l'on regarde comme tels, & ainſi le P. Meneſtrier demeureroit toujours convaincu d'impieté, & d'avoir fait un Dieu d'un homme en luy bâtiſſant un Temple.

Il faloit enfin que l'authorité de Dieu vint au ſecours du P. Meneſtrier pour le le justifier. L'Ecriture a bien appelé Dieux des Roytelets, pourquoy le P. Menestrier d'aussi grande authorité que le St. Esprit ne pourroit-il pas donner de la Divinité & des Temples au plus grand Roy du monde? *J'ay dit vous estes des Dieux.* Le Pere avoit bien un meilleur texte à citer que celuy-là. Saint Paul a bien appellé les Demons Dieux. *Si notre Evangile est couvert, il est couvert à ceux auxquels le Dieu de ce siécle a crevé les yeux de l'entendement.* Le Roy de France vaut bien le Dieu du siécle. Il est vray l'Ecriture a dit aux Princes, *Ego dixi Dii estis, J'ay dit vous estes Dieux.* Mais écoutés le correctif, *si mourrés vous pourtant comme les autres hommes.* Mais cela ne regarde pas le Dieu du P. Menestrier : car il est immortel : témoin l'inscription, *Viro immortali* de la statuë de la place de la victoire. Il me semble que l'Ecriture Sainte est maîtresse de son langage, & nous ne sommes pas maîtres du nôtre. Si Dieu dans un seul endroit fait l'honneur aux Princes de les appeller *Dieux*, ils ne doivent pas abuser d'un honneur que le Saint Esprit leur a fait une fois ou deux, ni se dire Dieux eux mêmes, ou permettre que les hommes les appellent ainsi. Cela les doit humilier au lieu de les enfler, & les obliger à se souvenir que si Dieu les a honorés de son nom à cause qu'ils

Ps. 82

qu'ils sont ses Lieutenants, ils auront à luy rendre un conte tant plus exact de leur conduite. Dieu nonobstant le texte du Ps. 82. n'a pas laissé de trouver fort mauvais qu'Agrippa ait souffert qu'on luy donnât de la divinité & qu'on criât devant luy *Voix de Dieu & non pas d'homme*. Enfin l'Ecriture qui appelle quelque fois les Princes *Dieux* ne leur a jamais basti des *Temples*, ne leur a pas ordonné des *vœux publics*, n'a point dit que les hommes leur devoyent être *devoués* & n'a point appellé *pieté* les honneurs qu'on leur doit. Mais à quoy bon disputer : il ne nous en faut pas davantage que ce que le Pere Menestrier nous en confesse. *Cependant*, dit-il, *pour prévenir les esprits foibles, on avoit rendu ces mots Latins, en ceux-cy de notre langue*, devoués à Dieu & au service du Roy, *qui est l'image de la Majesté Divine*. C'est à dire, que pour couvrir une impieté, il a fait une falsification. Ces deux choses se ressemblent fort, devouée *à la divinité du Roy*, *& devouée à Dieu & au service du Roy*. Le premier est impie, & le second est Chretien, c'est-à-dire, qu'un Jésuite est Payen en latin & Chretien en François. C'est toujours quelque chose que d'être Chretien en quelque langue. S'il n'y avoit pas d'impieté dans son latin, pourquoy a-t-il mis toute autre chose en François? Et faut-il d'autre preuve contre luy ?

Pour

Pour achever, je ne ſçaurois m'empêcher de regarder comme un preſage, ce que la plus ſuperbe des inſcriptions & le plus outré de tous les éloges qu'on ait faits pour le Roy de France ſe trouve ſur un feu d'artifice. Je ne ſçay ſi cette gloire divine, cette divinité, ces vœux publics, ces Temples, cette Religion pour un mortel, ne ſont point prêts à paſſer par le feu de la Juſtice du Ciel. Il y a un bout à la patience de Dieu comme à tout.

Concluons avec le P. Meneſtrier, & diſons : aprés cela je ne doute pas que les plus eſclaves de la Cour, & les plus impies mondains n'avoüent qu'il ne faille être Jéſuite pour imaginer une telle devotion, & qu'il ne faille être d'une capacité au deſſous de la mediocrité pour la défendre auſſi mal. Car franchement ſi j'avois voulu faire l'Apologie du Pere Meneſtrier, je m'en ſerois mieux aquitté que luy. Si je n'avois eu de bonnes choſes à dire au moins je n'en aurois pas tant dit de ridicules ; & l'on auroit pû trouver des couleurs plus capables d'impoſer. Pour moy je trouve que le meilleur moyen de juſtification que le Pere Menéſtrier puiſſe trouver pour défendre ſes impietéz ; c'eſt le torrent & la mode : Ne faut-il pas la ſuivre ? Tout le monde ſe mêle d'être profane, Idolatre, & de faire du Roy un Idole ; Les Jéſuites pourroient-ils de-

demeurer en arriere en quelque chose? Voicy une piece qui fait foy de ce que je dis, que l'impieté est à la mode en France, & que tout le monde s'en mêle. C'est un motet qu'on attribue à Messieurs de l'Academie, mis en Musique & chanté en pleine Eglise.

MOTET

Tiré des Paroles de l'Ecriture, reduites en forme de Dialogue entre les Roys de France & d'Angleterre; où ce Monarque dans l'état present de ses affaires implore le secours du Ciel, & est asseuré par LOUIS LE GRAND son unique appuy, de la protection puissante qu'il luy demande, contre les outrages du plus cruel de tous les Usurpateurs, & l'ennemy le plus declaré de la Foy.

Mis en Musique par Mr. MIGNON, Maître de Musique de l'Eglise de Paris.

Le Roy d'Angleterre s'adressant à Dieu.

DOmine Deus meus in te speravi; salvum me	SEigneur mon Dieu, j'ay mis mon esperance en vous

ſac ex omnibus perſequentibus me, judica nocentes me, expugna impugnantes me.

vous; délivrez moy de tous ceux qui me perſecutent; exercez vos jugements ſur ceux qui m'outragent, combattez ceux qui me combattent.

Exurge in adjutorium mihi, Domine Deus meus, judica nocentes me, expugna impugnantes me.

Levez-vous, & venez à mon ſecours, Seigneur mon Dieu; exercez vos jugements ſur ceux qui m'outragent, combattez ceux qui me combattent.

Uſquequo exaltabitur inimicus meus ſuper me? uſquequo filius iniquitatis apponet nocere mihi? Exurge in adjutorium mihi, Domine Deus meus; judica nocentes me, expugna impugnantes me. Con-

Juſques à quand mon ennemy s'élevera-t-il au deſſus de moy? juſques à quand le fils d'iniquité cherchera-t-il à me nuire? Levez vous & venez à mon ſecours, Seigneur mon Dieu; exercez vos jugements ſur ceux qui m'ou-

m'outragent, combattez ceux qui me combattent.

DIALOGUE.

Conforta me, Rex; advena sum apud te & peregrinus; tu es fortitudo mea & refugium meum.

Accordez vôtre protection, ô Grand Roy! à un Etranger que vous voyez dans vôtre Cour; c'est Vous qui faites toute ma force; & je regarde vôtre Royaume comme mon azile

Confide in Domino, & dabit tibi petitiones cordis tui, educet quasi lumen justitiam tuam & judicium tuum quasi meridiem; Confide in Domino.

Mettez vôtre confiance en Dieu; ce sera luy qui vous accordera ce que vous desirez; il fera éclatter vôtre Justice comme la lumiere, & l'equité de vôtre Jugement comme le Soleil en son midy; Mettez vôtre confiance en Dieu,

Conforta me, Rex,

Accordez, ô Grand

·Rex ; advenasum 3oud te & peregri- us ; tu es forti- ıdo mea & refu- ıium meum.	*Grand Roy! vôtre protection, à un Etranger que vous voyez dans vostre Cour; c'est Vous qui faites toute ma force ; & je regarde vôtre Royame comme mon azile.*
Sede à dexteris ıeis, donec po- ım inimicos tuos ıabellum pedum ıorum.	*Soyez assis à ma droite, jusqu'à ce que je reduise vos ennemis à vous servir de marchepied.*
Tu es qui res- tues hæreditatem ıeam mihi.	*C'est Vous qui me restablirez dans mon Royaume.*
Persequar ini- icos tuos, con- ingam illos, nec onvertar donec eficiant.	*Je poursuivray vos ennemis, je les extermineray, & je ne cesseray point de les poursuivre qu'ils ne soyent entierement détruits.*
Venite, popu- ı, accurrite, ado- ıte, invocate no- en Domini Dei xercituum, ut sit no-	*Venez, Peuples, accourez, adorez, invoquez le nom du Seigneur le Dieu des armées, afin qu'il*

nobis in Deum protectorem.

qu'il soit pour nous un Dieu de protection.

LES PEUPLES.

Benefac, Domine, bonis & rectis corde: Da salutem Regibus qui sperant in te; noli tradere confitentes te populo qui te ignorat; ut non dicant inter gentes, ubi est Deus eorum?

Seigneur, répandez vos bien faits sur les bons, & sur ceux qui ont le cœur droit: Conservez deux Grands Roys, qui esperent en vous; ne livrez point ceux qui vous benissent à un Peuple qui ne vous connoît pas, afin qu'on ne dise point parmy les nations, où est leur Dieu?

Adorate, invocate nomen Domini Dei exercituum, ut sit nobis in Deum protectorem.

Adorez, invoquez le nom du Seigneur le Dieu des armées, afin qu'il soit pour nous un Dieu de protection.

LES PEUPLES.

Tribuat vobis Dominus secundum cor vestrum, & omne consilium vestrum confirmet.

Que le Seigneur vous donne, ô Grands Monarques ! ce que vos cœurs desirent, & qu'il fasse réussir vos desseins.

In Deo faciemus virtutem, ipse ad nihilum deducet inimicos nostros, brachia peccatorum conterentur, confirmat justos Dominus.

Ce sera en Dieu que nous ferons des actions de courage, il reduira nos ennemis au neant, les bras des pécheurs seront brisez, le Seigneur soûtient les justes.

Peccator videbit, & irascetur, dentibus suis fremet, & tabascet: nos autem lætabimur in salutari vestro, & in nomini Dei nostri magnificabimur.

L'impie le verra & il en fremira de colere, il grincera les dents de rage, & sechera de dépit; mais, nous nous réjoüirons de vôtre salut, & nous metrons toute nôtre grandeur dans le nom de nôtre Dieu.

Exaudi, Domine, orationem noſtram, intende in vocem deprecationis noſtræ: confitebimur tibi, cantabimus, & pſallemus nomini tuo, annuntiabimus inter gentes virtutem tuam & gloriam tuam.

Seigneur, exau[illegible]cez nôtre prier[illegible] ſoyez attentif a [illegible] voix de ceux q[illegible] vous invoquen[illegible] nous vous beniron[illegible] & nous chanter[illegible] vôtre Saint no[illegible] nous publierons p[illegible] my les nations [illegible] tre force & vô[illegible] gloire.

Beatus vir, cujus eſt nomen Domini ſpes ejus; prope eſt Dominus omnibus invocantibus eum, omnibus invocantibus eum in veritate.

Heureux cel[illegible] de qui l'eſpera[illegible] eſt dans le nom [illegible] Seigneur, il [illegible] toujours auprés [illegible] ceux qui l'in[illegible] quent, ſur to[illegible] de ceux qui l'in[illegible] quent avec ver[illegible]

De l'Imprimerie de CHRIST[illegible] PHE BALLARD, ſeul Im[illegible] primeur du Roy pour la Muſique. 1689.

He bien, Monſieur, que dites vous d[illegible] *de a dextris meis donec ponam, &c.* V[illegible] t-il pas une admirable Metamorphoſe[illegible]

Roy de France est devenu Dieu le Pere, le Roy d'Angleterre est devenu Dieu le Fils ; afin que cette Trinité soit complete, je suis d'avis que nous facions du Prince de Galles le St. Esprit. Le Roy de France promet au Roy d'Angleterre, ce que Dieu seul est en droit de promettre & seul en puissance de tenir. Voilà ce qu'on appelle en France le bel esprit & les belles pensées, applications ingenieuses, mais affreuses pour les oreilles Chretiennes, des saintes paroles du Saint Esprit qui n'ont été dites que pour Dieu ; sans pouvoir legitimement être transportées ailleurs.

J'aurois fait, Monsieur, si je ne me sentois obligé de degager la parole que je vous ai donnée en passant de vous faire voir un exemple insigne de la friponnerie Monachale dans ce qui est dit par le Pere de Sainte Marthe, touchant une lettre écrite dans le siécle passé par un nommé Pierre Charpentier. Le Pere de St. Marthe, Moine Benedictin si je ne me trompe, se mêle depuis quelque temps de faire des Livres, & prend un certain grand Verbiage qui ne signifie rien pour la belle maniere d'écrire. Aprés nous avoir donné un livre pour justifier la persecution & les supplices pour cause de Religion, il vient de nous en donner un autre intitulé *Entretiens touchant l'entreprise du Prince d'Orange*

 range

range sur l'Angleterre où l'on prouve que cette action fait porter aux Protestans les caractéres d'Antichristianisme, que Mr. Jurieu a reprochés à l'Eglise Romaine. Dans le corps de l'ouvrage, comme dans le tiltre, le Prince d'Orange & Monsieur Jurieu marchent toujours côte à côte, & il faut selon l'autheur, que ce Ministre soit un des flambeaux qui embrasent toute l'Europe. Ce livre est presque entierement occupé à rapporter, à gloser, à paraphraser, & à commenter une longue lettre d'un Protestant scelerat du siécle passé nommé Pierre Charpentier, Cette lettre fut écrite immediatement aprés le massacre de la St. Barthelemi, & tout exprés pour le justifier. C'est peut-être la plus violente & la plus cruelle satyre contre les Protestants, qui ait jamais été écrite. La dedans il éleve jusqu'aux cieux la pieté, la moderation & la clemence de Charles IX. Il le louë du massacre qu'il a fait commettre comme d'une action de la plus exacte justice & d'une consommée prudence. Il dépeint le parti Protestant, duquel il faisoit partie, comme un amas de scelerats, de seditieux, de meurtriers, d'empoisonneurs, d'assassinateurs, qui aprés avoir commis mille crimes couvoient encore daus leur sein de plus grandes abominations, & n'en vouloient pas moins qu'à la vie de toutes les personnes de

la

la famille Royale. Le Pere de Sainte Marthe rapporte cette longue lettre toute entiere, & la produit comme un témoignage irreprochable, parce qu'il est rendu par un Protestant. Il faut, Monsieur, que vous entendiés de la bouche de Mr. de Thou luy-même l'histoire & de Charpentier, & de sa lettre.

Monsieur de Thou aprés avoir parlé de divers écrits qui furent publiés par les deux partis aprés le massacre de la St. Barthelemi, parle ainsi de la lettre de Charpentier. *Un nommé Pierre Charpentier qui étoit de Toulouse, & qui avoit publiquement enseigné le Droit à Geneve étant entré fort avant dans la familiarité de Bellievre se sauva chés luy pendant le massacre avec plusieurs autres personnes moins distinguées; car il auroit été trop dangereux pour un Courtisan de donner retraitte à des gens distingués dans une occasion de cette nature. Pour s'accommoder à la fortune, & par un effet de son humeur, qui luy faisoit défendre le parti où son interêt l'obligeoit d'entrer, il commença à se dechainer non pas contre les autheurs* *Hist. l. 53. ann. 1572.*

 du

du massacre, ni contre l'horrible boucherie qu'ils avoient faite, mais contre ce qu'il appelloit la cause, c'est-à-dire, contre la faction des Protestants pour laquelle il témoignoit une grande horreur, & qu'il disoit que Dieu avoit justement punie pour tous ses desordres, parce qu'elle s'étoit servie du pretexte de la Religion pour couvrir son esprit de sedition & de revolte, & que les pretendus devots qui la composoient avoient pris les armes contre leurs compatriotes au lieu de se servir des larmes, des prieres & du jeune pour toutes armes. qu'ils s'étoient saisis de plusieurs villes du Royaume, qu'ils avoient fait mourir une infinité de personnes & poussé leur insolence jusqu'à faire une guerre ouverte à leur Souverain. Il disoit que leurs assemblées où l'on ne faisoit autrefois que prier Dieu étoient devenuës des conventicules & des conferences seditieuses dans lesquelles on ne parloit ni de la pieté, ni des mysteres de la Religion, ni de la correction des mœurs, mais d'amasser de l'argent, d'assembler secretement *des troupes dans les Provinces de lier des intelligences avec*

avec les Princes étrangers. Il ajoûtoit qu'ils entretenoient des hommes seditieux dans toutes les Villes du Royaume pour tâcher de troubler la paix que le Roy avoit accordée aux Protestants par un effet de sa bonté, & qu'il n'y avoit que l'épée de Dieu que les Princes portent, qui put reprimer leur audace, qu'il reconnoissoit bien que *c'étoit Dieu qui* avoit inspiré le *dessein de la reprimer par les voies les plus severes à un Roy qui étoit naturellement fort doux. Dans* les *commencemens, Charpentier se contentoit de parler ainsi en particulier dans les conversations familieres, qu'il avoit avec Bellievre, mais comme on vit en-suitte qu'il disoit les mêmes choses en public, on jugea qu'il étoit fort propre pour le dessein qu'avoient le Roy & la Reine de justifier le massacre le mieux qu'ils pourroient. Il se chargea volontiers de cette commission, & aprés avoir reçu une somme d'argent qu'on luy donna, & de grandes promesses qu'on luy fit de l'élever à de grandes charges, promesses qu'on luy tint en-suitte religieusement quelque indigne qu'il en*

 fut,

fut, il partit de Paris avec Bellievre qu'il laissa en Suisse, & se retira à Strasbourg, où il avoit aussi autrefois enseigné, afin qu'il put plus facilement repandre de là dans l'Allemagne les bruits qu'il vouloit semer. Etant arrivé là, il écrivit une lettre à François Portes Candiot qui étoit fort savant dans la langue Greque, & qui avoit été autrefois élevé en Italie dans la maison de Renée Princesse de Ferrare. Dans cette lettre, qui étoit dattée du 15e. Septembre, il disoit qu'il y avoit deux partis parmi les Protestants, l'un des pacifiques qui agissoient de bonne foy par principe de Religion, & qui suivoient les maximes de celle qu'ils professoient, l'autre de ceux qui soutenoient la cause, gens factieux & ennemis de la paix: que ces deux partis avoient leurs Pasteurs, que le premier avoit pour luy d'Espina, Sorel (il y a dans la lettre de Charpentier que le P. de Ste. Marthe a fait imprimer, *des Rosiers* au lieu de *Sorel*) *Albrac, Capel, la Haye, Mercure, mais que les autres Ministres ne pouvoient souffrir la moderation de ceux là, &*

sur

ſur tout Theodore de Beze, qu'il appelle la trompette de Seba, & contre lequel il ſe dechaine ſur tout dans ſon livre. Non ſeulement il excuſe le maſſacre, mais il prouve fort au long & avec beaucoup d'addreſſe qu'il a été fait juſtement, & qu'on a du le faire pour abbatre une faction impie qui ne penſoit qu'à renverſer l'autorité Royale, à debaucher les Villes du Royaume de l'obeïſſance qu'elles devoient à leur Souverain, à troubler la tranquillité publique, & qui ſembloit avoir été formée pour la ruine même de la Religion Proteſtante, par des gens turbulents & ennemis de leur Patrie. On publia une réponſe à cette lettre ſous le nom de Portes dattée du premier de Mars de l'année ſuivante, qui étoit remplie de paroles extremement aigres. Mr. de Thou ajoûte *que le Duc d'Anjou ſollicita fortement François Baudoin Juris-Conſulte, qui aprés avoir autrefois embraſſé la Religion Proteſtante en Allemagne s'etoit laiſſé gagner par les avis moderés du Theologien Caſſandre, & étoit rentré dans la Religion Romaine, & qui enſei-*

gnoit alors à Angers, à travailler au même dessein que Charpentier (c'est-à-dire à justifier le massacre) *mais que ce Juris-Consulte s'en excusa modestement sur les contestations qu'il avoit eües avec les Genevois qui empêcheroient, disoit-il, qu'on ne l'en crut sur la matiere; que dans la verité, il ne voulut pas justifier le massacre, parce qu'il le detestoit, & qu'aiant même lu la lettre de Charpentier, il y remarqua de grands defauts de memoire & de grandes beveües, en ce qu'il rapportoit de l'histoire ancienne. Certes c'est une chose deplorable*, dit encore cet illustre autheur, *que des hommes illustres par leurs charges, par leur pieté, par leur integrité & par leur savoir, & qui n'étoient ni fourbes, ni flateurs, comme Morviliers, de Thou, Monluc, Pibrac, Bellievre aient été obligés non par la crainte ni par l'esperance, mais par l'état où ils voioient les affaires du Royaume, à loüer ou du moins à excuser une chose qu'ils detestoient dans leur cœur.*

He

He bien, Monsieur, aprés avoir lu Mr. de Thou, que dites vous du Moine? N'est il pas vray que c'est là le plus grand exemple de l'impudence Monachale qu'on puisse voir? Il nous rapporte une lettre d'un Protestant, sans nous dire que c'étoit un fripon connu pour tel, qui voulut païer la faveur qu'on luy avoit faite de luy sauver la vie, en composant cette effroiablé satire contre les siens, qu'il fut bien payé de sa lacheté par de grandes sommes d'argent & par de grands employs, & que pour donner à son action une image de liberté on l'envoia à Strasbourg d'où il datta cette horrible satyre. Aprés cela, Monsieur, jugés de la fidelité des Moines.

FIN.

NOUVELLE HERESIE
DANS LA
MORALE,
DENONCEE
AU PAPE
ET
AUX EVESQUES,
AUX PRINCES
ET
AUX MAGISTRATS.

NOUVELLE HERESIE DANS LA MORALE.

ARTICLE PREMIER.

Expoſition du fait.

LA nouvelle hereſie que l'on dénonce icy aux Puiſſances ſpirituelles & temporelles établies de Dieu pour veiller ſur les mœurs des hommes, conſiſte en ce qu'on a enſeigné publiquement la propoſition ſuivante.

Le péché Philoſophique, ou Moral, eſt une action humaine contraire à ce qui convient à la nature raiſonnable & à la droite raiſon. Mais le peché Theologique mortel eſt une libre trangreſſion de la loy de Dieu. Le peché Philoſophique quelque grief qu'il puiſſe être étant commis par celuy, ou qui n'a point de connoiſſance de Dieu, ou qui ne penſe point actuellement à Dieu, peut-être un peché fort grief, mais n'eſt point une offenſe de Dieu, ni un peché mortel, qui rompe l'amitié de l'homme avec Dieu, ni qui merite la peine éternelle.

C'eſt mot pour mot en François ce qui

qui se lit en Latin dans une These imprimée & soutenuë publiquement à Dijon dans le College des Péres Jésuites au mois de Juin 1686. Cette These a pour titre, *Theses Theologicæ de Peccatis.* Elle n'a que 8. positions dont celle-cy est la premiere.

Peccatum Phisosophicum, seu Morale, est actus humanus disconveniens naturæ rationali, & rectæ rationi. Theologicum verò & mortale est transgressio libera legis divinæ. Philosophicum quantumvis grave, in illo qui Deum vel ignorat, vel de Deo actu non cogitat, est grave peccatum, sed non est offensa Dei, neque peccatum mortale dissolvens amicitiam Dei, neque æterna pœna dignum.

Il n'est pas besoin de commentaire pour juger que cela veut dire; Qu'il s'est toûjours commis & se commettra jusqu'à la fin du monde une infinité de crimes contre la pureté, contre l'humanité, contre la justice & autres vertus, fornications, adulteres, pechez contre nature, assassinats, vengeances cruelles, empoisonnemens, faux témoignages, calomnies noires, larcins, brigandages, qui n'ont été & ne seront que des pechez Philosophiques, qui ne sont point offenses de Dieu, & ne meritent point la peine éternelle; parce que ceux qui en sont coupables, ou ne connoissoient point Dieu, *Vel Deum ignorabant*, ou ne pensoient point actueltuellement à Dieu en commettant ces pechez, *Vel de Deo actu non cogitabant.*

Voila ce que les Religieux de la Compagnie de JESUS ont trouvé bon que l'on enseignat dans un de leurs plus celebres Colleges de France. La nouveauté de cette doctrine, si contraire aux premiers élemens de la Religion Chrestienne qui s'apprennent dans les Catechismes, ne les a point frappez. Ils n'ont point apprehendé le scandale que pouvoit causer ce damnable paradoxe, qui fait croire que les gens du monde qui se laissent emporter à leurs passions, sont d'autant moins en danger d'être damnez, qu'ils sont plus libertins & plus impies, & qu'ils vivent dans un plus grand & plus continuel oubli de Dieu. Ils ne se sont pas même reveillez de leur assoupissement quand on les en a avertis, & qu'on a exposé aux yeux du public une proposition si surprenante.

On l'a fait d'abord sans en nommer les auteurs, pour leur en épargner la confusion & les rendre par cette maniere charitable plus disposez à reconnoître leur faute. Cette These de Dijon étant tombée entre les mains des Docteurs de la Faculté de Louvain, un d'eux en a rapporté la premiere position à la fin d'une These, sans dire ni où ni par qui elle avoit éte soutenuë, s'étant contenté d'exposer à la censure publique une si étrange doctrine & si avantageuse aux im-

impies. Tout le monde en a eu horreur. Les Jésuites seuls qui sont toûjours informez des premiers de ce que contiennent les Theses de Louvain, parce qu'assez souvent elles les regardent, sont demeurez froids & insensibles, n'y trouvant rien à redire.

On fut averti que l'on pourroit douter que des Theologiens Catholiques eussent osé soutenir une telle chose, si on ne voioit la These entiere avec le temps & le lieu où elle a été défenduë. On l'a fait dans une autre grande These du 6. May 1688. où celle de Dijon est imprimée toute entiere avec son titre, *Theses Theologicæ de peccatis*; & cette fin, *Has Theses Deo duce & auspice Deipara propugnabit Stephanus Bougot, in aula majore Collegii Divio Godranii Societatis Jesu die .... Junii 1686.* Mais le Professeur en Theologie des Jésuites nommé le P. de Reux, qui a pris à tâche de contredire toutes les Theses des Theologiens de Louvain où il y a quelque chose qui ne plaist pas à la Campagne, n'a pas cru se devoir taire sur ce qu'on trouvoit à redire à la doctrine de ses Peres de Dijon. Et voicy ce qu'il en dit dans ses Theses du mois de Decembre de la même année 1688.

" Quamvis existentia Dei etiam po-
„ pulariter sit demonstrabilis, non mo-
„ dò tamen non est propriè per se nota
„ quoad nos, sed etiam fieri potest, ut
„ ab

„ ab homine ordinariis tantùm divinæ „ gratiæ auxiliis prævento ignoretur inculpatè. Eripiant hoc nobis si possunt assertum *philosophici* in Burgundiam usque persecutores *peccati* : sed „ non poterunt. „ C'est-à dire : *Quoy que l'existence de Dieu se puisse demonstrer d'une maniere proportionnée à l'intelligence du peuple : il est vrai neanmoins que non seulement elle n'est pas proprement connuë par elle même a l'égard de nous ; mais qu'il se peut faire qu'elle soit ignorée par un homme aidé seulement des secours ordinaires de la grace, sans qu'il y ait de sa faute. Que les persecuteurs de la doctrine du peché Philosophique, qui a été enseignée en Bourgogne, ruinent s'ils peuvent cette proposition* (de l'Existence de Dieu ignorée sans peché) *mais nous sommes bien assurez qu'ils ne le pourront pas.*

On voit par là, que les Jésuites regardent comme des persecuteurs de la verité, ceux qu'ils appellent des *persecuteurs du peché Philosophique* : PERSECUTORES *peccati Philosophici*. Ils se sont donc engagez à soutenir comme bonne cette nouvelle Theologie *du peché Philosophique* distingué du *Theologique*, bien loin de la desavoüer. Et c'est tout ce que j'avois entrepris de faire voir dans cet article, me reservant de monstrer en un autre endroit les faussetez & absurditez de cette réponse du P.

de

de Reux. Mais ce qui est plus important est de faire remarquer comment les Jésuites sont tombez dans cette nouvelle heresie. Car on reconnoîtra par là que pour la desavoüer sincerement, il ne suffiroit pas qu'ils la condamnassent, & qu'ils en fissent amande honnorable à toute l'Eglise; mais qu'il faudroit encore qu'ils Condamnassent d'autres erreurs qui s'enseignent communement dans leurs Ecoles, dont celle-cy est une suite naturelle.

ARTICLE II.

Par quels degrez les Jésuites se sont engagez dans cette nouvelle heresie des pechez Philosophiques, qui selon eux quoy que tres-énormes ne meritent point la damnation.

C'Est une grande & terrible verité, que plus on s'attache à de méchans principes, plus on s'égare à mesure qu'on avance, & qu'on vient à vouloir étendre ces principes pour en tirer tout l'avantage possible, ou qu'on veut parer aux inconveniens qu'on y découvre, ou enfin qu'on veut faire voir toutes les consequences qui en suivent naturellement.

C'est ce qui est arrivé aux Jésuites sur le

le sujet de la Grace & de la Morale. On veut croire que ceux d'entre leurs Ecrivains qui ont introduit les premiers des nouveautez dans la Theologie & dans la Morale Chrestienne, ont eu bonne intention. Comme ils s'étoient flattez de mieux combattre les heresies de ces derniers siécles & de ramener plus d'heretiques à l'Eglise par leurs nouvelles opinions sur la grace & sur la liberté; ils croioient aussi que leurs nouveaux principes de Morale serviroient à convertir plus de pecheurs & à les faire marcher plus facilement dans la voye du salut. Mais s'étant trompez en s'écartant de la voye Royale de la Tradition & de l'Ecriture, la Societé par un faux point d'honneur s'est cru obligée à les défendre, & à soûtenir ces fausses démarches. Ainsi l'esprit ce picque, de jalousie, & de vaine gloire, & la mauvaise honte à ne vouloir pas reculer, a donné lieu à plusieurs erreurs, qu'on a été obligé d'avancer pour ne pas abandonner les premieres.

La fausse idée qu'ils ont conçue de la misericorde de Dieu & de sa justice, de la redemption des hommes par JESUS-CHRIST & de la liberté de l'homme pecheur, est le principe d'où est né le dogme de la grace suffisante donnée generalement à tous les hommes fidelles & infidelles, justes & pecheurs, aveugles & endurcis.

Ils ont mesuré la misericorde de Dieu sur leurs pensées humaines, quoy que Dieu ait dit si positivement, que ses pensées ne sont pas comme les nôtres, & que ses voies sont aussi éloignées de celles des hommes, que le ciel l'est de la terre. C'est sur cela qu'ils ont cru que plus il repandroit de graces sur les hommes plus sa misericorde seroit digne de luy ; & qu'elle ne seroit point parfaite & infinie comme luy, si ses graces n'étoient universelles & sans bornes.

Ils n'ont pas cru de même pouvoir mettre la justice de Dieu à couvert des accusations du pecheur, s'il manquoit à aucun d'eux quelque chose de ce qui luy est necessaire pour faire le bien & pour éviter le peché, & que sans cela ce seroit faire aux hommes des commandemens impossibles, que de les obliger à accomplir sa loy. C'est encore ce qui les a portez à donner à tous les hommes des graces suffisantes & toujours presentes.

Ils ont cru aussi qu'on ne pouvoit dire avec St. Paul & avec l'Eglise que JESUS CHRIST est mort pour tous, & qu'il est le Redempteur de tous, si tous les hommes sans exception ne recevoient des graces suffisantes pour être sauvez par l'application actuelle de son sacrifice & des merites de son sang.

Enfin ils se sont imaginé qu'à moins que

que le pécheur n'ait pour faire le bien autant de pouvoir & de force qu'il en a pour faire le mal, on ne pouvoit sauver sa liberté, & que c'étoit aprocher de l'heresie de Calvin qui a enseigné que le libre arbitre est peri dans l'homme par la corruption de la nature, que d'avancer qu'il n'a pas toujours des graces suffisantes. Ils luy en ont donc donné à pleines mains & sans mesure : comme on peut voir par les propositions 7. 14. 15. 19. & autres de Lessius censurées par les Facultez de Louvain & de Doüay.

Cependant ils se sont bien-tôt apperçu que l'experience renversoit ces imaginations, & ils n'ont pas trouvé le monde disposé à croire, que tant d'infidelles qui ont vécu dans les plus profondes tenebres de l'idolatrie, & qui se sont abandonnez à toutes sortes de crimes, & tant de nations barbares nouvellement découvertes qui se sont trouvées sans aucune pensée de Religion, menant une vie toute sensuelle, eussent eu toutes les graces necessaires pour vivre selon la loy de Dieu. Ils ont donc trouvé à propos de biaiser un peu, en disant : *Que tous les infidelles ont toujours & par tout un pouvoir suffisant de la part de Dieu & en puissance,* (ex parte Dei & in actu primo) *parce que s'ils faisoient tout ce qui est en eux selon la disposition naturelle ou surnaturelle où ils se trou-*

trouvent, Dieu les éclaireroit, afin qu'ils pussent croire & se convertir. C'est la 18. des Propositions censurées de Lessius, donr ils ont fait cet axiome. *Facienti quod in se est ex solis viribus naturæ Deus non denegat gratiam.*

Ils ont cru s'échaper par là. Mais ils se sont trompez. Car ce faux axiome aiant été fort mal reçu, censuré par les Universitez, & declaré Pelagien par la Congregation *de Auxiliis*, il se trouve presentement abandonné dans les écoles Moliniennes, & leur premiere opinion des graces suffisantes données à tous les hommes, & non pas seulement offertes à ceux qui les attireroient par un effort naturel, s'y est remise en possession, comme il paroist par le libelle & les Theses du P. de Champs, & du commun des Jésuites.

Mais ils ne s'en sont pas mieux trouvez d'avoir repris ce premier poste. On les y a attaqué de nouveau, & ils ont été battus sur cela par tant d'endroits & en tant de maniéres, l'experience du contraire est si sensible, les Ecritures & la tradition si opposées à cette doctrine, que plusieurs d'entr'eux ont desesperé de pouvoir reussir à justifier par ce moien la justice de Dieu contre les reproches des pecheurs. Ils ont donc encore une fois changé de methode, & ont pris le parti de justifier le plus de pecheurs qu'ils pourroient contre la ju-

justice de Dieu, & de les mettre à couvert de sa colere.

Et c'est où ils ont plus fait paroître leur addresse & leur industrie: & en quoy ils ont lieu de croire aussi que les pecheurs leur sont plus obligez. Car enfin il y en a une infinité à qui cette abondance de graces suffisantes est plus onereuse qu'avantageuse. Elle leur paroît avantageuse en ce qu'elle semble mettre leur salut entre leurs mains, en les assurant qu'à toute heure, à tout moment, en tout état, tout ce qui leur est necessaire pour faire le bien & éviter le mal leur est present à point nommé. Mais combien y en a-t-il à qui cela même est onereux, parce que ne voulant ni faire le bien ni fuir le mal, il ne leur peut-être qu'incommode de se voir en cet état chargez de graces qui ne serviront qu'à les rendre plus coupables, & plus dignes de la colere de Dieu. Il leur est donc bien plus avantageux de n'en point avoir, & c'est une invention bien plus rare de trouver moien de les décharger de ce fardeau: & sans se mettre en peine de leur persuader qu'ils ont toutes les graces necessaires, mais en supposant qu'ils ne les ont pas, leur faire mettre à profit cette privation même, & les assurer qu'ils seront d'autant plus à couvert de la domination, qu'ils seront plus abandonnez & de la lumiere & de la grace de Dieu.

C'est

C'est à quoy ont travaillé il y a long-temps plusieurs Theologiens de la Compagnie : & voicy comme ils s'y sont pris. Ils ont posé pour principe, que pour pécher il faut agir volontairement & librement, ce qui est vray à l'égard des pechez actuels. Mais ils ont ajoûté, ce qui est tres-faux, qu'une action n'est point censée être aslés libre & volontaire pour rendre coupable celuy qui la fait, non seulement si on ne connoît ce que l'on a dessein de faire, mais si on n'a de plus la pensée que l'on feroit mal en le faisant. C'est ce qu'on comprendra mieux par un exemple. Lors qu'un Idolatre de la Palestine immoloit son enfant à Moloch, il sçavoit bien que c'étoit son enfant qu'il faisoit mourir, mais loin d'avoir la pensée qu'il faisoit mal en cela, il croioit faire une action heroïque de Religion. On demande donc si sçachant bien ce qu'il faisoit, mais ne sçachant pas qu'il faisoit mal, son action étoit suffisamment libre & volontaire pour étre peché. Ce seroit une heresie que d'en douter aprés ce qui est dit dans la sagesse de ces abominables sacrifices.

Cependant voicy ce que croient sur cela les Theologiens de la Compagnie. *Afin qu'une action soit volontaire, il faut qu'elle procede d'homme qui voie, qui sçache, qui penetre ce qu'il y a de bien & de mal en elle :* Voluntarium est, *dit on com-*

Bauny Somme des péchez. P. 906.

communement avec le Philosophe, quod fit à principio cognoscente singula in quibus est actio. *Si bien que quand la volonté à la volée & sans discussion se porte à vouloir ou abhorrer, faire ou laisser quelque chose, avant que l'entendement ait pu voir, s'il y a du mal à la vouloir ou à la fuir, la faire ou la laisser, telle action n'est ni bonne ni mauvaise, d'autant qu'avant cette perquisition, cette vûe, ou reflexion de l'esprit dessus les qualitez bonnes ou mauvaises de la chose à laquelle l'on s'occupe, l'action avec laquelle on la fait n'est pas volontaire.*

Rien n'est plus faux que cette doctrine. Elle est condamnée par les Philosophes payens de l'autorité desquels ils l'ont voulu appuyer. *Tous les méchans* (dit Aristote dans le lieu auquel renvoye le P. Bauny qui est le 3. de ses Morales) *ignorent ce qu'ils doivent faire & ce qu'ils doivent fuir, & c'est cela même qui les rend méchans & vitieux. C'est pourquoy on ne peut pas dire que parce qu'un homme ignore ce qu'il est à propos qu'il fasse pour satisfaire à son devoir, son action soit involontaire. Car cette ignorance dans le choix du bien & du mal ne fait pas qu'une action soit involontaire, mais seulement qu'elle est vitieuse. L'on doit dire la même chose de celuy qui ignore en general les regles de son devoir, puisque cette ignorance rend les hommes dignes de blâme & non d'excuse. Et ainsi l'ignorance qui rend les actions involontaires & excusables, est seulement celle qui regarde le fait en particulier & ses circonstances singulieres.*

Ce même Philosophe enseigne cette même doctrine, qui est celle de tous les hommes raisonnables, dans le 7. livre du même ouvrage. Il distingue deux sortes de personnes qui péchent à l'égard des voluptez corporelles en s'y abandonnant contre la droite raison. Les uns qui s'y abandonnent en se laissant emporter par leurs passions, quoy qu'ils sçachent bien que c'est mal fait, & ce sont ceux qu'il appelle ἀκρατεῖς, comme étant *foibles* à l'égard de ces plaisirs. Les autres qui mettent leur bonheur dans la joüissance de ces voluptez, croient que c'est bien fait de les rechercher. Et ce sont ceux qu'il appelle ἀκολάστους, parce que c'est ce qui arrive a ceux qui ont été mal élevés. Mais les Interprétes ont appellé les premiers *incontinentes*, incontinens, & les autres *intemperantes*, intemperans: ce qui n'exprime pas neanmoins si bien que les mots Grecs ce qu'a voulu dire Aristote. Il dit que les premiers sont semblables à un Etat qui a de bonnes loix, mais qui ne les observe pas; & les derniers à un Etat qui observe ses loix, mais qui en a de méchantes: que les uns son sujets à se repentir de ce qu'ils ont fait; ce qui rend leur guerison plus facile:

cile : & que les autres ne se repentent point ; ce qui les rend incurables. Mais que conclut il delà ? Il en devoit conclure selon les Jésuites, que ces derniers ne péchent point en s'abandonnant aux plaisirs du corps, parce qu'ils ne croient point que ce soit mal fait de les rechercher ; étant au contraire persuadez que l'homme étant heureux en joüissant de ces plaisirs, c'est être sage, que d'en joüir quand on le peut : Et qu'il n'y a que les premiers qui péchent, parce qu'ils sçavent que c'est mal fait de s'abandonner à ces voluptez. Mais Aristote suivant la lumiere du bon sens enseigne au contraire, que les derniers sont beaucoup plus méchans que les premiers, & qu'ils sont tout à fait vitieux ; au lieu que les autres ne le sont qu'à demy, parce que leur jugement n'est pas corrompu, & qu'il l'est dans les autres.

Tous les Peres aprés l'Ecriture établissent encore plus fortement cette importante regle de la Morale contraire à l'erreur des Jésuites. Mais on se contentera de rapporter ce qu'en dit St. Augustin de la maniere du monde la plus claire & la plus decisive au liv. 1. de ses Retr. ch. 15. *Ceux qui péchent par ignorance, ne font leur action que parce qu'ils la veulent faire, quoy qu'ils péchent sans qu'ils veuillent pecher. Ainsi ce péché même d'ignorance ne peut être commis que par la volonté de celuy qui le commet, mais par une volonté qui se porte à l'action & non au péché* (voluntate facti, non voluntate peccatî) *ce qui n'empêche pas neanmoins que l'action ne soit péché, parce qu'il suffit pour cela qu'on ait fait ce qu'on étoit obligé de ne pas faire.*

Mais comme il est fort ordinaire aux Theologiens de la Compagnie d'être contraires à ce Saint, demeurant fermes dans leur fausse maxime, que les plus méchantes actions ne sont point de vrays péchez qui rendent coupables ceux qui les commettent s'ils ne sçavent pas qu'ils font mal en les faisant; outre l'avantage qu'ils en ont tiré pour élargir la voye du ciel, ils s'en sont encore servis à l'usage que j'ay dit, qui est de dédomager les pécheurs que Dieu abandonneroit à eux-mêmes, en leur faisant croire, qu'ils ne perdent pas tant qu'ils pourroient penser, lors qu'ils se trouvent privez des graces de Dieu.

Car comme ils font consister la grace, ou dans la lumiere qui éclaire l'esprit en luy faisant connoître ses devoirs, ou dans un bon mouvement qui touche & remuë la volonté, ou dans une pensée actuelle qui applique en temps & lieu à considerer la bonté ou la malice de l'action qu'on va faire, par le moyen du principe que je viens d'expliquer, ils ont trouvé moyen de faire servir la privation

vation de toutes ces differentes graces à la justification du pécheur : c'est-à dire, à prouver que ce qu'il fait, quoyque mal en soy, ne luy est point imputé à péché.

Si Dieu laisse un pécheur dans ses tenebres, il sera dans l'ignorance de son devoir. Et dés là point de péché, & plus ses tenebres seront épaisses plus il sera innocent.

Si Dieu n'amollit point par sa grace cette dureté de cœur qui se contracte par des habitudes inveterées, & qui fait qu'il y a tant de personnes à qui on peut appliquer ce que dit St. Paul, qu'aiant *perdu tout sentiment & tout remords* (ἀπηλγηκότες) *ils s'abandonnent à toutes sortes de dissolutions & de débauches*, se laissant emporter à leurs passions, on peut juger de là qu'ils ne péchent point selon les Jésuites, parce que la passion, aussi bien que l'habitude, ôte l'usage actuel de la raison : *Quia tam passio, quàm consuetudo, tollit actualem usum rationis.* C'est-à-dire, qu'elle empêche (ce qui est tres-vray) que l'esprit ne s'applique à considerer le bien & le mal qu'il peut y avoir dans l'action que l'habitude & la passion nous portent à faire. Ainsi c'est pour ces pécheurs endurcis une heureuse necessité que celle qui vient de l'endurcissement de leur cœur. Ils ne péchent plus à force d'avoir contracté l'habitude

Feliu-tius.

tude & la necessité du péché. Et ils peuvent faire impunément toutes sortes de crimes parce qu'ils boivent l'iniquité comme l'eau, & qu'ils se sont mis en l'état dont parle St. Augustin : *Dum servitur libidini, facta est consuetudo; & dum consuetudini non resistitur, facta est necessitas*

Conf. l. 8. c. 5.

Que si on considere cette sorte de graces qui consiste dans une pensée actuelle qui applique en temps & lieu à considerer la bonté ou la malice de l'action qu'on a à faire, qui peut douter qu'il n'y ait une infinité de gens à qui elle manque, & qui ont merité d'en être privez par leur negligence à se donner à Dieu & à le prier. Ils sont donc bien obligés aux Jésuites qui les assurent que loin qu'il y ait à perdre pour eux, c'est au contraire un gain bien clair de n'avoir point reçu de Dieu cette *pensée actuelle*, parce que ne l'aiant point reçue ils ont eu la satisfaction de joüir d'un plaisir défendu, ou de profiter d'un avantage injuste, sans avoir commis de péché pour lequel ils puissent craindre d'être punis.

Cette méchante doctrine, que quoy que l'on fasse on ne péche point, si on ne sçait que ce que l'on fait est mauvais, avoit été censurée par la Sorbonne en 1641. en ces termes. *Hæc propositio falsa est, viamque aperit ad excusandas excusationes in peccatis.* Par celle de Lou-

Louvain en 1657. en ceux-cy. *Est contra communia Religionis Christianæ principia, & innumera etiam immanissima peccata excusat cum pernicie animarum.* Par l'Eglise de Sens. en 1658. dans la censure de l'Apologie pour les Casuistes; *Hæ propositones ..... Scripturis, Patribus, fidelium precibus manifestè adversantur, & ad excusanda gravissima quæque scelera promptam defensionem suppeditant.* Et par celle de Paris en la même année dans son jugement sur le même livre. *Hæc doctrina est falsa, erronea, scandalosa, contraria sanctæ Scripturæ, Patribus & sanæ Theologiæ, quæ peccata per ignorantiam agnoscit, excusationes peccantibus ad illorum perniciem suppeditat, & Christianos ad negligendam salutis scientiam impellit.* On sçait assés qu'elle a été en horreur en ces temps-là à toutes les personnes de pieté; mais cela n'a pas empêché que les Jésuites n'y soyent toujours demeurés tres-fortement attachez, jusques-là qu'en 1683. ils firent courir dans les Pays bas un livret sous le nom d'Ulricus Jonson, où ils asseurent hardiment, que tous les Theologiens enseignent, si on en excepte un petit nombre, *Ad peccandum requiri notitiam malitiæ.*

Et je viens d'apprendre que les Jésuites Missionaires dans les Provinces Unies s'y servent d'une espece de Catechisme intitulé, *Institutio ad primam communionem*, qui a déja été imprimé huit fois à Anvers, où ils donnent pour maxime à ceux qui s'examinent sur les péchez de leur jeunesse, qu'ils ne se doivent croire coupables que quand ils ont connu que ce qu'ils faisoient étoit péché : *Nemo enim peccat*, disent-ils, *nisi quatenus scit & intelligit malitiam peccati.* „ Car on ne péche que quand on „ sçait & que l'on comprend que ce „ qu'on fait est péché. Comme ils sont les mêmes par tout, ils ont enseigné la même doctrine dans leur College d'Aix en Provence au mois de Juillet 1686. dans une These, dont voicy les dernieres paroles : *Conscientia circa illicitum intrepida excusat à peccato.*

Mais c'est dans la These de Dijon, qu'ils ont tiré de ce principe là tout ce qu'on en devoit tirer, en raisonnant consequemment pour enfanter l'heresie que l'on denonce maintenant à l'Eglise. Et c'est ce que nous avons à faire voir dans l'article suivant.

AR-

ARTICLE III.

Que c'est de la Doctrine des Jésuites expliquée dans l'article precedent, que ceux de Dijon ont tiré la nouvelle heresie que l'on denonce à l'Eglise.

IL faut donner cette loüange au Jésuite de Dijon auteur de la These, que sa distinction du péché en *Philosophique* & *Theologique*, & ce qu'il dit de l'un & de l'autre, est tres bien fondé dans la doctrine de la Compagnie que nous avons expliquée dans l'article precedent. Car voicy comme il a démélé cette matiere mieux qu'aucun Jésuite n'avoit fait avant luy. Ce qu'on ne dit ni en devinant ni par conjecture, mais parce qu'on a entre les mains les Ecrits qu'il a dictez à ses écoliers, & qui contiennent les fondemens de la These.

Il est certain qu'une même action, comme celle d'un fils qui empoisonne son Pere pour avoir son bien, est contraire à la droite raison, & qu'elle est aussi défenduë par la loy de Dieu. Et on ne peut douter aussi que cet empoisonnement d'un pere par son fils ne soit un péché contre les bonnes mœurs, c'est à dire une action humaine qui rend blâ-

blâmable & punissable celuy qui la commet, non seulement entant qu'on la considere par rapport à la loy de Dieu qui l'a défenduë, mais aussi quand on ne la regarde que comme contraire à la droite raison. Car toutes les nations de la terre ou qui ne connoissoient point Dieu, ou qui ignoroient que Dieu eust rien commandé ou défendu aux hommes, n'ont pas laissé de regarder une telle action comme un péché detestable & digne des plus grands châtimens. Il est certain encore que cette action est un péché, parce qu'elle est contraire à la loy de Dieu.

J'ay donc eu raison de distinguer deux sortes de péchez, d'appeller l'un *Philosophique* & *l'autre Theologique*, & de définir le Philosophique, *une action humaine contraire à ce qui convient à la droite raison & à la nature raisonnable :* Et le Theologique, *une libre & volontaire transgression de la loy de Dieu.*

On dira peut-être que cette distinction est inutile ne pouvant y avoir de péché Philosophique qui ne soit aussi Theologique, parce qu'il n'y a point d'action humaine contraire à la droite raison, qui ne soit aussi défenduë par la loy de Dieu.

C'est, je l'avoüe, ce que doivent dire ceux qui enseignent contre le sentiment commun de nos Theologiens, qu'une action humaine est suffisamment volon-

volontaire à l'égard du péché, quand elle eſt volontaire *voluntate facti*, quoy qu'elle ne le ſoit pas *voluntate peccati*, comme dit St. Auguſtin : c'eſt à dire, qu'il ſuffit de faire volontairement & avec advertance de raiſon, ce qui de ſa nature eſt péché, quoyque l'on ne ſçache pas qu'il ſoit péché ou que l'on n'y penſe pas. Car ils doivent dire conſequemment, qu'afin que l'action de ce meurtrier de ſon pere puiſſe être un péché Theologique, c'eſt à-dire une libre & volontaire tranſgreſſion de la loy de Dieu, il ſuffit qu'il ait volontairement commis une action deteſtable que Dieu a défendue, ſoit qu'il ait ſçu ou qu'il n'ait pas ſçu que Dieu l'a défendue. Mais il eſt clair que nous devons dire tout le contraire en ſuivant cette maxime reçue dans nos écoles : *Ad peccatum formale requiritur notitia malitiæ.* Car que peut-on répondre à cet argument :

Afin qu'un homme ait péché il ne ſuffit pas qu'il ait fait volontairement une action qui de ſoy-même eſt un péché, mais il faut de plus qu'il ait ſçu que c'étoit un péché. Afin donc auſſi que ce meurtrier ſoit cenſé avoir offenſé Dieu en violant volontairement ſa loy, il ne ſuffit pas que le meurtre qu'il a commis ait été défendu par la loy de Dieu, il faut de plus qu'il ait connu cette défenſe, & qu'y aiant penſé avant que de le commettre, il n'ait pas laiſſé de de le commetre. Autrement on ne pourra pas dire, que ç'a été *une volontaire transgression de la Loy de Dieu.*

Or ce qui eſt un péché & n'eſt point un péché Theologique, eſt ſeulement un péché Philoſophique. Il peut donc y avoir des péchez tres-enormes, qui ne ſont point Theologiques, mais ſeulement Philoſophiques. Et j'ay eu raiſon de remarquer que ce ſont tous les crimes, de quelque nature qu'ils ſoient & quelques execrables qu'ils puiſſent être, qui ſe commettent par ceux qui ne connoiſſent point Dieu ou qui ne penſent point à Dieu en les commettant. Car comment pourroit-on penſer en commettant quelque péché, qu'il a été défendu par la loy de Dieu, quand on ne connoît point Dieu, ou qu'on ne ſçait point que Dieu ait rien défendu ou commandé aux hommes; & quand on ne ſeroit pas privé de toute connoiſſance de Dieu, ſi neanmoins on n'y penſoit point, parce qu'on ne ſeroit occupé qu'à ſatisfaire ſa paſſion, ce qui eſt tres-ordinaire, il eſt viſible qu'on n'auroit pas auſſi penſé à la défenſe qu'il auroit faite de commettre cette action. On n'auroit donc pu pécher que philoſophiquement, par la penſée qu'on auroit eüe que ce que l'on faiſoit avoit quelque choſe de contraire à la droite raiſon: ce qui ſe peut rencontrer dans les perſonnes les plus deſtituées de la con-

connoiſſance de Dieu, ſans laquelle il n'y a point de péchez Theologiques.

Il eſt vray que les conſequences que j'ay tirées de là, pourront ſurprendre beaucoup de perſonnes, & ſcandaliſer des eſprits foibles & ſcrupuleux. Mais on ne peut douter qu'elles ne ſoient vraies, ſuppoſé la verité de ce que je viens d'établir conformement à la doctrine commune de nos Ecoles.

La 1. eſt que les péchez philoſophiques, c'eſt-à-dire tous les péchez que commettent ceux qui ne connoiſſent point Dieu ou ne penſent point actuellement a Dieu en les commettant, ne ſont point des offenſes de Dieu : *Peccatum philoſophicum, quantumvis grave, in illo qui vel Deum ignorat, vel de Deo actu non cogitat, non eſt offenſa Dei.* Cela eſt clair ſuivant ce que je viens de dire. Car puis qu'une action humaine n'eſt jamais péché, quand on ne connoît pas qu'elle eſt péché, il faut auſſi qu'une action humaine ne ſoit pas une offenſe de Dieu, quand on ne connoît pas que c'eſt une offenſe de Dieu. Or celuy qui ne connoît point Dieu, ou qui ne penſe point à Dieu en commettant quelque péché, n'a pu connoître en le commettant que ce fuſt une offenſe de Dieu. C'eſt comme j'ay prouvé cette conſequence dans les écrits que j'ay dictez : *Sicut actus humanus numquam eſt malus ſublata cognitione malitiæ;*

tiæ ; sic nunquam est offensa Dei, si non agnoscatur esse offensa Dei.

La 2. consequence est, qu'un péché Philosophique n'est pas un péché mortel qui rompe l'amitié de l'homme avec Dieu : *Non est peccatum mortale dissolvens amicitiam Dei.*. Car supposé qu'un homme ait été fait ami de Dieu par le baptême qu'il auroit reçu avant l'usage de la raison, il ne pourroit cesser d'être aimé de Dieu qu'en offençant Dieu. Or le péché Philosophique n'est point une offense de Dieu, comme on le vient de montrer. Il ne peut donc pas être une péché mortel qui fasse perdre l'amitié de Dieu.

La 3. consequence est qu'un péché Philosophique (c'est à dire tout péché, quelque grief qu'il puisse être, commis par celuy qui ne connoît point Dieu ou qui ne pense point actuellement à Dieu) ne merite point une peine éternelle : *Non est æterna pœna dignum.* Car ce qui fait qu'un péché mortel Theologique merite une peine éternelle, est que Dieu qui est infiniment grand est griévement offensé par le péché mortel. Or celuy qui ne connoît point Dieu, ou qui n'a point pensé à Dieu en faisant une méchante action, n'aiant point offensé Dieu ne l'a point griévement offensé. Il n'a donc point merité par cette méchante action d'être éternellement puni.

On

On ſe trompe donc ſi on s'imagine, que les fornications, les adulteres, les impudicitez les plus monſtrueuſes, les empoiſonnemens, les aſſaſſinats & les vengeances les plus cruelles, meritent toûjours d'être punis par le feu éternel de l'enfer, qu'ils ſoient toûjours des offenſes de Dieu, & faſſent toûjours décheoir de la grace ceux qui ſeroient en grace avant que de les commettre. Il faut diſtinguer. Si ceux qui font ces méchantes actions ont ſçu & ont penſé en les faiſant que Dieu les a ſeverement défenduës, on ne peut nier qu'ils n'aient offenſé Dieu, qu'ils n'aient mérité d'être éternellement punis, & qu'ils ne ſoient déchus de la grace, s'ils y étoient auparavant. Mais ils n'ont point actuellement penſé à Dieu en commettant ces crimes, n'étant occupez que de l'objet de leur paſſion, ce qui eſt tres ordinaire; ou ſi ce ſont des perſonnes privées de la connoiſſance de Dieu (comme l'ont été une infinité de payens dans l'un & dans l'autre monde avant la publication de l'Evangile) leurs péchez alors n'étant que Philoſophiques, quelques griefs qu'ils puiſſent être, ne ſont point offenſes de Dieu, ils ne meritent point la peine éternelle, & ils ne feroient point déchoir de l'état de grace, ceux qui y auroient été auparavant.

AR-

ARTICLE IV.

Combien la doctrine des Jésuites expliquées dans l'article précedent est abominable & contraire à l'Ecriture. De la 1. Impieté: Qu'on ne commet que des péchez Philosophiques, quand on ne connoît point Dieu.

ON voit assés que ce que je viens de dire dans l'article précedent n'est point une simple consequence tirée de ce que j'ay fait voir dans le premier avoir été publiquement enseigné par les Jésuites de Dijon, mais que c'est la proposition même de leur These reduite à son principe, proposée avec plus d'étenduë, & appliquée à des exemples particuliers: ce qui n'y changeant rien, la rend seulement plus claire, & proportionnée à l'intelligence de toutes les personnes de bon sens. Et il n'en faut pas davantage ce me semble, pour en faire avoir de l'horreur à tout le monde. Il ne sera pas neanmoins inutile de faire voir combien l'Eglise est obligée de reprimer l'audace de cette vaine Philosophie, qui ose s'élever contre les oracles du St. Esprit.

Toute l'Ecriture est pleine de témoignages de la colere de Dieu contre les peu-

peuples qui ne le connoissent point. Ce que David & Jeremie disent d'eux par forme d'imprecation : *Effunde iram tuam in gentes quæ te non noverunt, & in regna quæ Nomen tuum non invocaverunt*; n'est que pour marquer combien Dieu avoit sujet d'être offensé des crimes de ces nations infidelles. Ils les regardoient donc comme des outrages faits à sa sainteté & à sa justice. Car Dieu étant incapable des passions humaines, ce que l'Ecriture appelle sa colere est la regle de sa sagesse, qui ne peut laisser impunis les deregl mens des hommes, qui degenerent d'autant plus de la dignité de leur nature par la malice de leur volonté, qu'ils sont dans une plus grande ignorance de Dieu & de sa loy.

Pseau. 78. 6. Jerem. 10. 25.

C'est ce que nous apprenons de St. Paul dans l'Epître aux Ephesiens, où il marque en divers endroits ce qu'on doit juger des Payens avant qu'ils eussent reçu la connoissance de Dieu par la predication de l'Evangile : *Souvenez-vous*, leur dit-il, *qu'étant gentils vous n'aviez point de part au Messie, vous étiez entierement separez de la Societé d'Israël, vous etiez étrangers à l'égard des alliances divines, vous n'aviez point d'esperance des biens promis, & vous estiez sans Dieu en ce monde.* Il décrit aussi plus bas ce que cette ignorance de Dieu

Eph. 2. 11.

Eph. 4. Dieu produiſoit dans ces gentils: *Je*
17. *vous conjure par le Seigneur, de ne vivre plus comme les autres nations qui ſuivent dans leur conduite la vanité de leurs penſées, qui ont l'eſprit plein de tenebres, qui ſont entierement éloignez de la vie de Dieu à cauſe de l'ignorance où ils ſont, & de l'aveuglement de leur cœur; qui aiant perdu tout remords & tout ſentiment s'abandonnent à la diſſolution, pour ſe plonger avec une ardeur inſatiable en toutes ſortes d'impuretez.* Et pour monſtrer que les crimes de ces Payens ne laiſſoient pas d'être de veritables offenſes de Dieu qui attiroient ſa colere ſur eux, quoy qu'ils ne le connuſſent pas; voulant porter les Chretiens à ne point tomber dans les péchez qui excluent de l'heritage du Ciel, il leur repreſente: *Que c'eſt pour ces choſes là, que la colere de Dieu eſt tombée ſur les incredules.* PROPTER *hæc enim venit ira Dei in filios diffidentiæ.*

L'Apôtre ſe ſert encore dans la 1. Epître aux fidelles de Theſſalonique de ce même exemple des Payens pour les
1. Theſ. détourner des péchez d'impureté: *Que*
4. 4. *chacun de vous*, dit-il, *ſçache poſſeder le vaiſſeau de ſon corps ſaintement & honnêtement, & non point en ſuivant les mouvemens de la concupiſcence, comme les Payens qui ne connoiſſent point Dieu.* Aiant donc toûjours conſideré les gentils comme n'aiant point connu Dieu,

ſicut

sicut gentes quæ ignorant Deum, il ne laisse pas de dire generalement dans l'Epistre aux Romains, que les crimes qu'ils auront commis seront punis de Dieu de la même peine que ceux des Juifs à qui il s'étoit fait connoître, c'est-à-dire de la damnation éternelle. *L'affliction & le desespoir accablera l'ame de tout homme qui fait le mal, premierement du Juif, & puis du Gentil..... Et ainsi tous ceux qui ont péché sans la loy periront sans la loy, & tous ceux qui ont péché sous la loy, seront jugez par la loy.* C'est donc une heresie manifeste, de soûtenir comme font les Jésuites à la face de l'Eglise, que quelques péchez que commettent en suivant leurs passions, ou d'impureté, ou de vengeance, ou d'avarice, ceux qui ne connoissent point Dieu, ce ne sont que des péchez P*hilosophiques* qui ne sont point offenses de Dieu, & ne meritent point la peine éternelle: *Quæ non sunt offensa Dei, nec merentur pœnam æternam.*

Cette même erreur si favorable aux Athées, n'est pas condamnée moins expressement par la bouche de JESUS-CHRIST dans l'Evangile. Il y parle en deux endroits du jugement general, qui decidera de l'un ou l'autre des deux estats, où demeureront tous les hommes pendant toute l'éternité selon qu'ils auront fait de bonnes ou de méchantes actions. Il est dit dans l'un:

Joan. 5. *Le temps viendra que tous ceux qui sont*
28. *dans les sepulchres entendront la voix du*
Fils de Dieu. Et ceux qui ont fait de bonnes œuvres en sortiront pour ressusciter à la vie, comme ceux qui en auront fait de mauvaises en sortiront pour ressusciter à leur condamnation. Or il nous marque dans l'autre endroit quelle sera cette condamnation. Car aprés avoir dit:
Matth. *Que toutes les nations de la terre étant*
25. v. *assemblées devant luy, il separera les*
32. 33. *uns d'avec les autres & il mettra les bre-*
bis à sa droite & les boucs à sa gauche: il conclut par ces paroles: *Et ibunt hi*
Ibid. v. *in supplicium æternum, justi autem in*
46. *vitam æternam.* CEUX-CY, (c'est-à-
dire ceux qu'il aura mis à sa gauche) *s'en iront dans le supplice éternel, & les justes* (qu'il aura mis à sa droite) *dans la vie éternelle.*

Que pouvez-vous dire à cela, mes Reverends Peres, qui avez souffert qu'on ait enseigné à Dijon cette abominable doctrine, que ceux qui ne connoissent point Dieu, ne commettent que des péchez Philosophiques qui ne meritent point de peine éternelle? Vous ne pouvez nier ce que nous assure St. Paul, qu'avant l'avenement de J. C. *Dieu avoit laissé marcher toutes les nations dans leurs voies*, n'aiant donné qu'à un seul peuple la connoissance de son nom & de sa loy: ce qui fait dire au Prophete Roy: que Dieu étoit connu nu dans Israel : *Notus in Judæa Deus* ; mais qu'il n'avoit pas fait la même grace aux autres nations, & ne leur avoit pas fait connoître ses jugemens : *Non fecit taliter omni nationi, & judicia sua non manifestavit eis.* Il en est de même depuis l'avenement du Sauveur à l'égard de tant de vastes pays, où il n'a été preché que depuis deux siecles, & de tant d'autres où il ne l'a point encore été. Où mettrez-vous donc cette infinité de personnes qui n'aiant point connu Dieu, ont commis beaucoup de péchez & souvent tres-énormes, que votre nouvelle Theologie prétend n'avoir été que Philosophiques ? Seront-ils de ceux que JESUS-CHRIST dit, qui sortiront de leurs tombeaux *in resurrectionem vitæ* ; ou de ceux qui en sortiront *in resurrectionem judicii* ? Il faut qu'ils soient des uns ou des autres. Car c'est le partage que JESUS CHRIST nous assure qu'il fera de tous les hommes, lors qu'il les fera tous sortir de leurs sepulchres pour les faire comparoître devant luy au jugemẽt dernier. De quelque côté que vous les placiez, vous ne sçauriez éviter d'être condamnez d'impieté ; ou en mettant à la droite de JESUS-CHRIST parmi les justes qui doivent joüir de la vie éternelle, toutes sortes de scelerats, fornicateurs, adulteres, abominables, empoisonneurs, assassins, pourvu qu'ils n'aient pas connu Dieu :

tels qu'ont été certainement, les Caligula, les Nerons. les Domitiens, les Heliogabales, & ſemblables monſtres en impureté & en cruauté; ou en prétendant; que quoi qu'ils ne puiſſent être mis qu'à la gauche de JESUS CHRIST parmi ceux qui ont fait beaucoup de mal, n'aiant péché neanmoins que contre la droite raiſon, & non contre la loy de Dieu qu'ils n'ont pas connuë, ils ne pourroient qu'injuſtement être envoiez en enfer pour y être punis d'un ſupplice éternel, quoi que JESUS CHRIST y condamne expreſſement tous ceux que leurs péchez auront fait mettre à ſa gauche au rang des boucs: *Et ibunt hi in ſupplicium æternum.*

Nous voyons dans l'Apocalypſe la damnation des méchans repreſentée ſous l'image d'un étang brulant de feu & de ſouffre, qui eſt appellé leur ſeconde mort: Et Dieu marque en ces termes ceux qui y ſeront jettez, aprés avoir parlé de la recompenſe des bons: *Celuy qui ſera victorieux poſſedera toutes ces choſes, & je ſeray ſon Dieu & il ſera mon fils. Mais pour ce qui eſt des timides & des incredules, des abominables, & des homicides, des fornicateurs. des empoiſonneurs,, des idolatres, & de tous les menteurs, leur partage ſera dans l'étang brulant de feu & de ſouffre, qui eſt la ſeconde mort.* On doit entendre par les *timides* ceux qui manquent à leur devoir voïr par la crainte des maux temporels ; & par les *menteurs*, les trompeurs & parjures ; & par les *abominables*, ceux que St. Panl marque à la fin du verset 9. selon le grec du ch. 6. de la 1. aux Corinthiens, & contre qui il parle avec tant de force dans le 1. chap. de l'Ep. aux Romains. Or rien n'étoit plus commun parmi les payens que ces abominations, aussi bien que les fornications, les adulteres, & les autres péchez d'impureté. Puis donc que le même S. Paul nous assure qu'ils ne connoissent point Dieu, *sicut gentes quæ ignorant Deum :* & qu'il n'est pas moins certain, qu'ils n'avoient aucune connoissance d'une loy de Dieu qui eust defendu ces crimes, d'où vient que saint Paul dit d'eux ; *Qui sine lege peccaverunt sine lege peribunt*, il faut que les Jésuites prétendent en suivant la nouvelle découverte de leurs Theologiens de Dijon, que quand Dieu dit dans l'Apocalypse que les fornicateurs, les abominables, les homicides, les empoisonneurs, & le reste, seront jettez dans l'étang brulant de feu & de souffre qui est la seconde mort, il en faut excepter une infinité de payens & d'autres athées qui ont pû être tout cela, sans pouvoir être avec justice jettez dans cet étang de feu ; par ce que leurs péchez n'aiant été que Philosophiques, n'ont point merité la feconde mort, qui eft la damnation éternelle.

Un exemple illuftre fera fentir aux plus endormis ce qu'on doit juger de cette doctrine. Quand Neron faifoit empoifonner le fils de fon pere adoptif, qu'il faifoit noier fa mere, qu'il condamnoit à la mort les plus honnêtes gens du Senat, qu'il deshonoroit la nature en contractant publiquement un mariage abominable, qu'il bruloit une grande partie de Rome pour reprefenter plus au naturel la prife de Troie, & qu'il attribuoit cet incendie aux Chrêtiens pour affouvir fa cruauté par leurs fupplices, ce feroit une folie de s'imaginer qu'il euft commis ces crimes en penfant actuellement à Dieu qu'il ne connoiffoit point. Et par confequent felon cette nouvelle doctrine des Profeffeurs en Theologie de la Compagnie de JESUS, tous ces péchez n'auront été que Philofophiques, pour lefquels il n'aura point merité d'être damné. On peut même douter felon ces Peres, s'il eft en enfer ; puis qu'apparemment il n'en a jamais commis d'autres. Y eut-il jamais occafion où on puft mieux appliquer ces paroles d'un ancien Pere : *Sententias veftras prodidiffe, fuperaffe eft. Patet prima fronte blafphemia. Non neceffe habet convinci quod fua ftatim profeffione blafphemum eft.*

Hier. Ep. ad Ctefiphontem.

AR-

ARTICLE V.

De la 2. Impieté. Qu'on ne commet que des péchez Philosophiques, lors qu'on ne pense point actuellement à Dieu.

NOus n'avons encore examiné que le premier membre de la Proposition capitale de la These des Jésuites, qui est que ceux *qui ignorent* Dieu ne sont point capables de commettre des péchez *Theologiques* qui les puissent damner; mais seulement des *Philosophiques* qui ne meritent point de peine éternelle.

Il nous reste à examiner le 2. membre, qui est que ceux mêmes qui connoîtroient Dieu, ne commettent point de pechez Theologiques capables de les damner, si en faisant quelque mauvaise action ils ne *pensent actuellement à Dieu*. Car, si on en croit cette These, quelque contraire qu'un péché puisse être à la nature & à la droite raison, parricide, inceste, bestialité, &c. il ne peut être que Philosophique, non seulement quand il est commis par celuy qui ne connoist pas Dieu, *qui Deum ignorat* (c'est le 1. membre) mais aussi lors que celuy qui le commet ne pense point actuellement à Dieu, *qui de*

Deo actu non cogitat : c'eſt le ſecond.

Ce dernier va bien plus loin que le premier, ſur tout à l'égard de ceux qui vivent parmi les Chretiens, & qui le ſont par le batême. Car il y en a peu qui ſoient entierement privez de la connoiſſance de Dieu; mais il y en a bien plus dans la corruption de ces derniers ſiecles, qui n'aiant eu qu'une méchante éducation, qui n'a mis ni dans leur eſprit ni dans leur cœur aucun ſentiment de pieté, n'ont garde de penſer actuellement à Dieu dans les péchez qu'ils commettent pour ſatisfaire leur paſſion dominante, ou d'ambition, ou d'avarice, ou de voluptez criminelles: puiſqu'on peut dire au contraire qu'une des plus grandes ſources de leurs deſordres eſt l'oubli de Dieu, & l'habitude qu'ils ont contractée de n'y point penſer, ne ſe conduiſant, comme les bêtes, que par ce qui frappe leurs ſens.

On en peut juger par ce que l'Ecriture dit des Iſraëlites. Il y en avoit peu qui ne connuſſent Dieu. L'idolatrie même, lors qu'ils y étoient le plus plongez, n'effaçoit pas entierement en eux la connoiſſance du vray Dieu, mais les portoit à en adorer d'autres. Cependant un des principaux caracteres que David donne des méchants qui ſe trouvoient parmi ce peuple, eſt qu'ils oublioient Dieu, qu'ils n'y penſoient point, & c'eſt à cet oubli, & à ce defaut

faut de penser à Dieu qu'il attribue la corruption de leur vie : *Le méchant*, dit-il, *aigrit le Seigneur. La grandeur de sa colere fera qu'il ne s'en mettra pas en peine. Le souvenir de Dieu est banni de toutes ses pensées* (non est Deus in conspectu ejus (*ses voies sont souillées en tout temps. Vos jugemens sont effacés de devant ses yeux.* C'est-à-dire qu'il n'y pense point, & n'y fait point de réflexion. Mais ce saint Prophete croit-il, que cet *oubli de Dieu*, mette de tels pécheurs à couvert de sa colere, comme s'ils ne l'offençoient point, parce qu'ils péchent sans penser à lui ? Il témoigne bien le contraire, lors que dans un autre Pseaume aprés leur avoir representé les reproches que Dieu leur fera dans son jugement. *Entendez cecy* (leur dit il) *vous* QUI OUBLIEZ DIEU, *de peur qu'il ne vous entraine au supplice, & que personne ne vous puisse arracher de ses mains.*

Pseau. 9. 10.

Pseau, 49. 22.

Voici un exemple de deux insignes pécheurs d'entre ce peuple. On ne peut gueres s'imaginer de crime plus noir ni plus honteux que celuy des deux Vieillards qui voulurent corrompre la chaste Suzanne, en la menaçant de la faire mourir comme une adultere, si elle ne consentoit à leurs infames desirs. Cependant si on s'en rapporte à cette nouvelle opinion des Jésuites, leur crime n'aura été qu'un péché *Philosophi-*

que qui n'aura point merité l'enfer. Car l'Ecriture marque expressement, *qu'aiant conçu une ardente passion pour elle, leur esprit fut perverti, & ils détournerent leurs yeux pour ne point voir le Ciel & pour ne se point souvenir des justes jugemens de Dieu.* C'est la disposition où ils étoient, lors *qu'ils étoient attentifs à observer le temps où ils pourroient trouver Suzanne seule.* Il est donc cent fois plus probable qu'ils ne penserent point à Dieu, quand aiant trouvé l'occasion qu'ils cherchoient ils la presserent de se rendre à leur desir.

On ne peut douter qu'il n'en soit de même d'Ammon lors qu'il viola sa sœur, & d'un des enfans de Juda, lors qu'il faisoit ce que l'Ecriture appelle une chose détestable; & de ces brutaux de la tribu de Benjamin, dont l'histoire est rapportée à la fin du livre des Juges.

On ne peut aussi douter que la même chose n'arrive à un grand nombre de Chretiens, qui quoi qu'ils n'aient pas perdu toute connoissance de Dieu, vivent dans une telle negligence des choses de leur salut, qu'il n'y en a gueres qui ne pûssent jurer qu'ils n'ont point commis de péchez mortels qui meritent la damnation, si pour en commettre il est necessaire *de penser actuellement à Dieu* en les commettant,

C'est donc un paradoxe tout-à-fait impie de vouloir qu'un nombre prodi-

gieux

gieux de méchants Chretiens, qui commettent tous les jours beaucoup de fort grands péchez sans penser à Dieu, en suivant leurs passions ou leurs mauvaises habitudes, tirent un si grand avantage de s'être accoutumez à oublier Dieu, & à n'y point penser : ou que leurs crimes quelques frequens & enormes qu'ils puissent être, ne sont que des péchez Philosophiques dont Dieu n'est point offensé, & qui ne meritent point la damnation éternelle.

Mais si on fait une attention particuliere aux péchez d'omission, on avoüera pour peu qu'on ait de bonne foy, que selon cette nouvelle Theologie du péché Philosophique il est rare qu'ils puissent damner les gens du monde quoi que leur vie en soit toute pleine. Car bien loin que ceux qui manquent à leurs principaux devoirs le fassent en pensant que Dieu les y oblige, qu'au contraire ils n'y manquent ordinairement que parce qu'ils n'y pensent point. Il y a par exemple des riches avares qui en dix ans ne feront pas une aumône considerable, qui ne contribueront pas à faire subsister une seule pauvre famille, ou à tirer de misere de pauvres orphelins, des malades, des prisonniers. Il faut renoncer à l'Evangile ou reconnoître qu'il n'en faut pas davantage pour attirer sur eux cette terrible sentence : *Discedite à me maledicti in ignem æternum :*

Retirez vous de moy maudits & allez au feu éternel. Mais les Jésuites de Dijon & leurs confreres qui ne trouvent point à redire à leur doctrine, leur fournissent de quoy appeller de cette sentence. Car il ne seroit pas juste, pourront-ils dire, de nous envoier au feu éternel pour des péchez qui ne meritent pas de peine éternelle. Or vous sçavez, Seigneur, que quand nous avons manqué à vous rendre ces assistances én la personne des pauvres, à donner à manger à ceux qui avoient faim & à boire à ceux qui avoient soif, à vestir & à loger ceux qui avoient besoin d'habits ou de logement, à visiter des malades & les prisonniers, nous n'y avons pas manqué en pensant à vous, mais par une grande attache à notre bien qui a été cause que nous n'avans pensé qu'à nous enrichir. Nous avoüons qu'en cela nous avons péché, mais notre péché n'étant que *Philosophique* ne merite pas une peine éternelle.

Il faut de plus considerer, qu'on peut *penser actuellement à Dieu*, en faisant quelque action, en deux manieres: ou en pensant qu'elle luy déplaist, & qu'il l'a défenduë; ou en pensant seulement qu'elle regarde Dieu, mais en croiant si peu qu'il en sera offensé, qu'on croit au contraire qu'elle luy est agreable. Or ce n'est pas la seconde de ces deux manieres de penser à Dieu, qui peut faire

faire que cette action soit un péché Theologique tel qu'il est defini dans la These de Dijon : *Transgressio libera divinæ legis*. Cela est clair par le raisonnement de l'auteur de cette These que j'ay déja rapporté : *Sicut actus humanus nunquam est malus sine cognitione malitiæ ; sic nunquam est offensa Dei, si non agnoscatur esse offensa Dei.* Car celuy qui ne pense actuellement à Dieu en faisant quelque action, qu'en croiant qu'elle luy sera agreable, ou en ne pensant point du tout qu'elle luy sera désagreable, ne connoît point en la faisant que Dieu en sera offensé. Elle ne peut donc point être offense de Dieu dans la nouvelle Theologie du péché Philosophique. Or voici ce qui s'ensuit de là.

1. JESUS CHRIST prédit à ses Apôtres : *Que les Juifs les chasseroient de leurs Synagogues, & qu'ils croiroient tous en les faisant mourir, faire un sacrifice agreable à Dieu.* Ils n'auroient donc commis en cela, selon ces nouveaux Docteurs, que des pechez Philosophiques, dont Dieu n'auroit point été offensé, & pour lesquels ils n'auroient pû être damnez avec justice. Or c'est ce que l'on ne peut dire sans heresie ; parce que rien n'est plus contraire au jugement qu'en porte St. Paul dans sa 1. Epître aux fidelles de Thessalonique : *Vous avez souffert*, leur dit il, *les mêmes persecutions de la part de vos*

Joan. 16. 2.

1. Thess. 2.

concitoiens, que ces Eglises ont souffertes de la part des Juifs, qui ont tué même le Seigneur JESUS, *& leurs Prophetes, qui nous ont persecutez, qui ne plaisent point à Dieu, & sont ennemis de tous les hommes; qui nous empêchent d'annoncer aux gentils la parole qui les doit sauver, pour combler ainsi la mesure de leurs péchez. Car la colere de Dieu est tombée sur eux pour les accabler jusques à la fin.*

2. On peut juger encore quel péché ç'a été aux Juifs de persecuter les Predicateurs de l'Evangile, quoy qu'ils s'imaginassent ne rien faire en cela que de fort agreable à Dieu. En joignant ce qui est dit sur cela dans les Actes avec ce qui en avoit été dit dans l'Evangile. *La*
Act. 13. 49. *parole de Dieu*, dit S. Luc dans les Actes, *se répandoit dans tout ce pays-là. Mais les Juifs aiant animé des femmes* DEVOTES *& de qualité, & les principaux de la ville, exciterent une persecution contre Paul & Barnabé, & les chasserent de leurs pays, Alors Paul & Barnabé secouerent contre eux la poussiere de leurs pieds & vinrent à Icone.* Ce que S. Luc a remarqué de ces femmes devotes, *mulieres religiosas*, nous fait assez entendre, que cette persecution n'avoit été excitée par ces Juifs contre les Apôtres que par un zele de Religion, & qu'ainsi ils voioient accomplir ce que JESUS-CHRIST leur avoit prédit, que ceux qui les persecuteroient croi-

croiroient faire une chose agreable à Dieu. Voions donc si JESUS-CHRIST nous a fait entendre qu'ils ne feroient en cela que des péchez Philosophiques dont Dieu ne seroit point *offensé*. *Lors*, dit-il, *que quelqu'un ne voudra pas vous recevoir, ni écouter vos paroles, en sortant de cette maison ou de cette ville secouez la poussiere de vos pieds. Je vous dis en verité, qu'au jour du jugement, Sodome & Gomorrhe seront traitées moins rigoureusement que cette ville-là.* Est-ce que les Jésuites pretendront que les habitans de Sodome & Gomorrhe n'ont point fait aussi de pechez Theologiques qui aient merité l'enfer ?

Matth. 10. & *Luc.* 10.

3. St. Paul dit deux choses de luy-même : l'une *qu'il a été un blasphemateur, un persecuteur, & un outrageux ennemi de l'Eglise de* JESUS-CHRIST, *qu'il l'avoit persecuté avec un excés de fureur, qu'il avoit mis en prison plusieurs des Saints, en aiant reçu le pouvoir des Princes des Prêtres; que lors qu'on les faisoit mourir il y avoit donné son consentement; qu'il les tourmentoit pour les faire blasphemer, & qu'étant transporté de fureur contre eux, il les persecutoit jusques dans les villes étrangeres.* L'autre chose qu'il dit, *est que c'étoit un zele demesuré pour la tradition de ses peres qui luy avoit fait ravager l'Eglise de Dieu :* Et qu'avant sa conversion, *il n'y avoit rien qu'il ne crût devoir faire contre le nom* de

1. *Tim* 1. 12. *Gal.* 1. 13. *Act.* 26.

Gal. 1. 14. *Act.* 26. 9.

de JESUS *de Nazareth*. Il faut donc que les Jésuites pretendent que S. Paul s'est bien trompé, n'aiant pas connu, que ces pechez qu'il a tant exaggerez, & dont il nous a donné une si terrible idée, ou n'étoient rien, ou étoient fort peu de chose, parce qu'aiant cru ne rien faire de desagreable à Dieu, où il n'avoit point pêché, ou il n'avoit péché que *philosophiquement* : & ainsi n'avoit point *offensé Dieu*.

4. Quand les heretiques se sont revoltez tant de fois contre leurs Souverains legitimes, qu'ils ont fait des livres damnables pour justifier ces revoltes, qu'ils ont désolé les Royaumes par tant de guerres sanglantes, ruiné tant d'Eglises, brûlé tant de corps des Saints, fait mourir tant de Religieux & de Prêtres par des cruautez barbares, comme ils ont fait tout cela pour soûtenir leur Religion, ils n'ont pas pensé en le faisant qu'ils offensoient Dieu : & par consequent ils ne l'ont point offensé. C'est ce qui est non seulement une consequence, mais le dogme même publiquement soûtenu par les Jésuites de Dijon.

5. Voicy qui est encore plus étrange, mais qui n'est pas moins certain. C'est que les Athées *n'offensent point Dieu*, quand ils croient qu'il n'y a point de Dieu, qu'ils le soûtiennent & qu'ils l'enseignent. Ainsi au lieu que le Prophete

phete Roy aprés avoir dit. *Dixit insipiens in corde suo: Non est Deus:* ajoûte comme une suite inévitable de ce comble d'impieté: *Corrupti sunt & abominabilis facti sunt in studiis suis*; les Jésuites en doivent tirer une consequence toute opposée. Car ce seroit une exaggeration outrée d'appeller *souverainement corrompus & abominables*, ceux qui n'offensent point Dieu, & qui ne peuvent commettre que des péchez veniels qui ne meritent point la damnation. Or c'est ce qu'on doit dire des Athées selon la doctrine de cette These, lors même qu'on les peut convaincre d'enseigner l'atheïsme, comme l'on dit qu'un gentilhomme de Pologne en a été convaincu depuis peu de temps, & condamné à la mort, quoy qu'il eust reconnu & abjuré son impieté. Car il y a contradiction qu'un homme persuadé qu'il n'y a point de Dieu, ait cru offenser Dieu en enseignant qu'il n'y en a point. Voilà donc à quoy conduit ce paradoxe aussi impie qu'extravagant: *Actus humanus nunquam est offensa Dei, si non agnoscatur esse offensa Dei*: Qu'ON *n'offense point Dieu si on ne croit point l'offenser*; à vouloir que les plus insensez de tous les Athées n'offensent pas Dieu en detruisant autant qu'il est en eux la divinité, non seulement lors qu'ils disent dans leur cœur: *Il n'y a point de Dieu*; mais lors même qu'ils l'enl'enfeignent, qu'ils le foûtiennent, qu'ils le mettent par écrit.

ARTICLE VI.

Reflexion particuliere fur ce que les Jéfuites difent, que les péchez Philofophiques ne font point des péchez mortels qui faffent perdre à l'homme la qualité d'ami de Dieu.

UNe des chofes les plus importantes pour bien expliquer la Morale Chretienne, eft la diftinction des péchez en mortels & veniels.

On appelle mortels, ceux qui font de telle nature qu'ils rendent dignes du feu éternel tous ceux qui en font coupables, & qui étant commis par un homme jufte & enfant de Dieu le font déchoir de cet état, & comme dit faint Auguftin, qui tuent l'ame d'un feul coup, en la privant de fa veritable vie qui eft l'habitation du St. Efprit dans le cœur.

On appelle au contraire péchez veniels, ceux qui ne font à l'ame que de plus legeres plaies, qui ne damnent pas ceux qui n'en auroient commis que de cette forte, & qui ne chaffent pas le St. Efprit d'un ame en qui il habite par la grace fanctifiante.

ç'a été une grande erreur aux Calviniſtes de nier cette diſtinction, ou de l'expliquer d'une maniere tres-indigne de la ſainteté du Chriſtianiſme. Ils pretendent que tous les pechez ſont mortels de leur nature, & qu'ils meritent tous l'enfer, mais qu'ils ſont tous veniels pour ceux qui ont été juſtifiez par une veritable foy, parce que Dieu ne les leur impute point, & qu'ils ne les font point déchoir de l'état de la juſtification.

Il ſemble qu'on auroit grand tort de ne pas avouër que les Jéſuites de Dijon ont reconnu la diſtinction des péchez en mortels & en veniels comme tous les autres Theologiens Catholiques, & qu'ils n'ont rien ſur cela de commun avec les Calviniſtes. Car la 5. poſition de leur Theſe conſiderée toute ſeule eſt tout-à-fait orthodoxe. *Dantur peccata mortalia & venialia, quæ non ſolum ex conditione peccantis vel ſola Dei voluntate, ut volunt Lutherus & Calvinus, ſed etiam ex natura rei different. Mortale autem in hoc diſtinguitur præcipuè à veniali, quod mortale ex natura ſua eſt notabilis receſſus à ratione & lege Dei, gravis Dei offenſa, diſſolvens amicitiam divinam; non verò veniale.* Mais en joignant cette 5. poſition à la 1. il eſt aiſé de voir qu'il n'y a rien de plus monſtrueux que l'idée qu'ils ont du péché veniel & du péché mortel, & que leur doctrine ſur cela fait encore un plus grand

grand ravage dans la Morale Chreſtienne, que celle de Calvin. Car par la 5. poſition tous les pechez ſont ou mortels, ou veniels. Or par la premiere, tous les pechez Philoſophiques, c'eſt-à-dire tous les pechez que commettent ceux qui ne connoiſſent point Dieu ou qui pechent ſans penſer actuellement à Dieu, ne ſont point des pechez mortels, parce qu'ils ne ſont point de grieves offenſes qui rendent l'homme ennemi de Dieu. Ce ſont les propres termes de cette 1. poſition conformes à ceux de la 5. *Peccatum philoſophicum quantumvis grave non eſt offenſa Dei, nec peccatum mortale diſſolvens amicitiam Dei neque meretur pœnam æternam.* Donc ces pechez Philoſophiques de quelque nature qu'ils ſoient, & quoy qu'entierement conſommez, fornications, adulteres, inceſtes, pechez contre nature, empoiſonnemens, aſſaſſinats, ne ſeront que des pechez veniels, qui ne font point meriter de peine éternelle à ceux qui en ſont coupables.

Voicy donc en quoy different ſur ce ſujet les Calviniſtes, & les Jéſuites qui approuvent cette nouvelle Theologie du peché Philoſophique. Demandez aux uns & aux autres ce qu'ils croient de l'adultere de David, & des inceſtes de Caligula; les Calviniſtes vous diront que l'adultere de David quoi que mortel de ſa nature, n'a été que veniel à l'égard

gard de ce Roy, parce qu'il ne l'a point fait déchoir de l'état de la justification, comme le Synode de Dordrecht l'a decidé. Mais que pour les incestes de Caligula, on ne peut douter que ce n'aient été des pechez mortels, & tres mortels, & qu'ils ne luy aient fait meriter d'être éternellement damné. La réponse des Jésuites sera toute opposée à celle là. Car ils avoüeront que l'adultere de David a été un peché mortel, & une grieve offense de Dieu, qui avoit fait déchoir ce Prince de l'état de grace, dans lequel il n'a pu étre retabli que par une serieuse penitence, parce qu'il connoissoit Dieu, & qu'il y a de l'apparence qu'il n'a pas commis ce peché sans avoir quelque pensée de Dieu que sa passion luy aura fait étouffer. Mais que pour les incestes de Caligula, comme c'étoit un impie qui ne connoissoit point Dieu, ce n'ont été que des pechez veniels qui ne luy ont point fait meriter l'enfer. Peut-on douter que cette derniere réponse, que la nouvelle Theologie des Jésuites oblige de faire, ne soit incomparablement plus méchant que celle des Calvinistes?

Ces opinions extravagantes ne peuvent être mieux refutées qu'en les appliquant à des exemples qui en font voir tout d'un coup l'impieté. Nous en venons d'apporter un: continuons à en apporter quelques autres.

I. Pre-

1. Presque tous les Chrestiens étant presentemens justifiez par le baptême qu'ils reçoivent dans l'enfance, supposons qu'il y en ait, comme il n'y en a que trop, qui dés leur bas-âge soient élevez par des impies, qui soient bien-aises de les rendre aussi impies qu'eux, parce que cela seroit avantageux pour les méchans desseins qu'ils autoient, comme si c'étoit des filles qu'ils destineroient à des usages infames. Si ces jeunes creatures suivant le penchant de la nature corrompuë s'abandonnoient à toutes sortes de dissolutions ne pensant point du tout à la loy de Dieu dont elles pourroient même n'avoir point entendu parler, quoi qu'elles pussent avoir quelque sentiment naturel, que la vie qu'elles meneroient ne seroit pas honnête: Que devroit-on dire de ces malheureuses victimes de l'impudicité, comme les appelle Tertullien, si aprés avoir vêcu de la sorte pendant dix ou douze ans elles mouroient tout d'un coup sans avoir pensé à Dieu, non plus à la mort que durant la vie. Si on en croit ces nouveaux Docteurs Jésuites, il est sûr qu'elles ne seront point damnées, & que même le Paradis leur est assuré aprés avoir été purifiées par les peines du purgatoire. Car aiant été reconciliées avec Dieu dans le baptême, & n'aiant commis depuis que des pechez *Philosophiques* qui ne sont point per-

perdre l'amitie de Dieu, *quæ non dissolvunt amicitiam Dei*, elles seront mortes en état de grace. Or qui meurt en état de grace ne peut manquer d'être sauvé.

2. On en peut dire autant des enfans des Chrestiens qui auroient été enlevez dés l'âge de deux ou trois ans par des Iroquois ou d'autres peuples aussi barbares & aussi destituez de la connoissance de Dieu, s'ils avoient toûjours vêcu parmy eux en suivant toutes leurs coûtumes brutales, n'aiant pu avoir en un si bas âge aucune idée du Christianisme; on ne voit pas qu'étant morts dans cet état les Jésuites de Dijon pussent douter de leur salut. Car n'aiant eu aucune connoissance de Dieu ni de sa loy, ils n'auroient pû avoir commis que des pechez Philosophiques qui ne les auroient pu faire déchoir de la grace que je suppose qu'ils auroient reçue dans le baptême.

3. Laissant à part le salut, cette nouvelle Theologie ne pourroit être reçue dans l'Eglise, ce qu'à Dieu ne plaise, qu'elle ne fist une horrible renversement dans l'administration du Sacrement de Penitence. On le comprendra mieux par quelque exemple. En voici un que ceux qui ont travaillé dans les missions avoüeront être assez commun. Je suppose qu'un libertin aura toûjours vêcu d'une maniere fort debordée, sans se sou-

ſouvenir d'avoir jamais eu aucun jugement de pieté ; qu'il ne ſe ſera jamais confeſſé, ſi ce n'eſt peut être dans l'enfance, lors qu'il ne ſçavoit encore ce qu'il faiſoit ; & qu'étant enfin touché de Dieu par une grace extraordinaire, il veut tout de bon ſonger à ſon ſalut. Il s'addreſſe pour cela à un Confeſſeur fort éclairé & luy fait une confeſſion generale, n'en aiant jamais fait aucune. Il la commence par luy avoüer qu'il a été fort mal élévé, qu'on n'a eu aucun ſoin de luy apprendre dans ſon enfance à connoître & à ſervir Dieu ; qu'il s'eſt trouvé étant fort jeune en de tres-mauvaiſes compagnies, qui luy ont corrompu l'eſprit, & l'ont porté à toutes ſortes de débauches, d'yvrognerie, d'impureté, & de jeu ; qu'il y a pris de mauvaiſes habitudes de jurer & de blaſphemer ; qu'il ne faiſoit ſcrupule de rien ; qu'il n'a preſque point vû de femmes qu'avec des yeux impudiqnes, & qu'il s'eſtimoit heureux quand il pouvoit donner de l'amour à des femmes mariées ; qu'il a été fort querelleux & qu'il s'eſt vangé cruellement toutes les fois qu'on luy a fait quelque choſe qu'il a pris pour un affront ; qu'il a trompé au jeu tant qu'il a pu, & volé par adreſſe diverſes choſes à des marchands, Le Confeſſeur luy pourra demander à l'égard des mauvais deſirs, s'ils étoient tout-à-fait formez. Helas ouy, luy dira-

dira-t'il, car j'avois le cœur ſi corrompu de ce côté là, qu'il n'y avoit point de mal que je ne fuſſe diſpoſé à faire, pourvû que j'en euſſe le moien & l'occaſion. Reconnoiſſez donc de quel abîme de malheur Dieu vous a retiré par une ſinguliere miſericorde qu'il n'a pas faite à une infinité d'autres qui n'avoient pas tant merité que vous d'être perdus pour toute l'éternité. Je le voy bien maintenant (repartira le penitent) & je prie Dieu qu'il me le faſſe reſſentir de plus en plus. Mais alors je ne voiois rien; mes méchantes habitudes m'avoient tellement aveuglé & endurcy que mon eſprit n'étoit occupé que de l'objet de mes paſſions. Il y avoit de certaines actions que je regardois comme mauvaiſes, parce que je n'aurois pas voulu y être ſurpris, comme quand je trompois au jeu, ou qu'on m'avoit donné des aſſignations criminelles; mais ce n'étoit que par rapport aux hommes que je les blâmois, & non par rapport à Dieu & à mon ſalut. Car c'eſt à quoy je ne penſois point du tout en ce temps-là, comme il paroît bien en ce que j'ay été plus de trente ans ſans me confeſſer: & ſi j'allois à la Meſſe ce n'étoit que par coûtume, & en me laiſſant aller à toutes ſortes de diſtractions ſouvent tres-mauvaiſes.

On ne voit pas que ſelon cet expoſé, tout homme inſtruit des maximes de l'Evangile, & des regles de l'Egliſe, puſt regarder ce penitent que comme un tres-grand pécheur qui auroit commis plus de cent mille pechez tout dignes de l'enfer, mais dont le ſalut n'étoit pas deſeſperé, parce que Dieu luy faiſoit la grace d'en avoir un veritable repentir, & la volonté de ſe ſoumettre à tout ce qu'on luy ordonneroit pour les expier par de dignes fruits de penitence.

Mais ſi le Jéſuite Profeſſeur en Theologie du College de Dijon avoit eu cet homme à conduire, il en auroit porté un jugement bien different. Il ſe ſeroit enquis à l'égard des juremens & des blaſphemes dont il ſe ſeroit accuſé, s'ils les avoit proferez par une méchante habitude ſans faire reflexion qu'il y eut du mal en cela. Et ſi le penitent avoit repondu : Je n'y faiſois point de reflexion, mais c'étoit ſouvent par emportement & par colere, & d'autrefois par accoûtumance; parce que je m'en étois fait un langage que je croiois qui ſeioit bien à des gens de ma ſorte, tant étoit grand mon aveuglement. Le Jéſuite auroit de-là pris ſujet de luy dire : Vous devez donc être en repos à l'égard de ces juremens & de ces blaſphemes, comme auſſi des regards impudiques, ſi vous y eſties tombé, comme vous dittes, par une méchante habitude ſans penſer au mal que vous faiſiez. Car ce ne ſont point de veritables pechez :

chez : *Parce que sans liberté il n'y a point de peché, & que pour avoir la liberté d'éviter le peché il faut connoître qu'il y a du mal dans ce que l'on se p opose de faire.* Il est bien rare, dira le penitent, que j'y aie pensé : si ce n'est, comme j'ay dit, quand j'ay trompé au jeu, parce que je n'aurois pas voulu qu'on m'y eût trompé, & quand j'ay debauché des femmes mariées, parce que je n'aurois pas voulu aussi, si j'eusse été marié, qu'on eust debauché la mienne. Vous avez donc, luy auroit dit le Jésuite, peché alors veritablement, puisqu'en commettant ces actions, vous avez pensé que vous faisiez mal. Mais il faut sçavoir encore autre chose pour bien connoître l'état de vôtre conscience. En faisant des choses que vous sçaviez bien être mauvaises, *avez vous pensé actuellement à Dieu*, c'est-à-dire, avez vous pensé que Dieu les avoit défenduës, & qu'ainsi vous l'offenseriez en les faisant. Helas, mon Pere, je croy vous avoir déja dit, que j'ay été si mal instruit dés mon enfance, & que de méchantes compagnies m'avoient depuis tellement éloigné de tout ce qui a quelque apparence de pieté, que dans tout ce miserable temps, dont j'ay bien du repentir, je n'ay eu aucune pensée de Dieu non plus que s'il n'y en eust point eu : n'ayant l'esprit occupé que de l'objet de mes passions. Estes-vous bien

Apologie pour les Casuistes p. 38.

bien certain de cela ? Ouy, mon Pere, tres-certain. Vos affaires n'en vont que mieux, & vous n'avez pas tant de ſujet de craindre. Car quoy que vos yvrogneries, & vos autres débauches plus criminelles ſoient de grands pechez, neanmoins s'il eſt bien vray ce que vous me dittes que vous vous y eſtes laiſſé emporter ſans penſer actuellement à Dieu, je vous puis aſſurer, que ce n'ont point été des offenſes de Dieu, qui vous aient fait meriter la damnation éternelle, ni qui vous aient fait déchoir de l'état de grace, où vôtre batême vous avoit mis. Je voy bien que cela vous ſurprend, mais il eſt trop tard preſentement. Venez moy voir dans quelques jours & je vous expliqueray ce qui me fait dire que vous n'eſtes pas ſi coupable à l'égard de Dieu que vous le croiez, & que vous pourriez bien n'avoir point perdu la grace de vôtre baptême.

Les Confeſſeurs qui ſeroient prevenus de cette nouvelle Theologie des Jéſuites, trouveroient ſouvent divers cas ſemblables dans les confeſſions ordinaires des gens mal-inſtruits qui ne ſe confeſſent que rarement, & qui ne ſçavent gueres ce que c'eſt qu'une vie vraiment Chreſtienne. Car ſi pour juger de l'état de leur conſcience, & des penitences qu'on leur doit impoſer, ils ne ſe contentoient pas d'apprendre d'eux mè-

mes,

mes, qu'ils ont commis beaucoup de pechez eſtimez mortels par tous les Theologiens raiſonnables, mais qu'ils vouluſſent encore ſçavoir d'eux s'ils les avoient commis en penſant actuellement à Dieu, il eſt certain qu'il y en auroit un tres-grand nombre qui aſſureroient, qu'ils n'y ont point du tout penſé, mais qu'ils n'ont ſongé qu'à leur gain, qu'à leur plaiſir, ou qu'à leur vengeance. Et de là ces Confeſſeurs devroient conclure, que ces penitens ne ſeroient coupables que de pechez veniels dont à la rigueur ils n'auroient pas été obligez de ſe confeſſer. Or ſe peut-on imaginer une methode plus pernicieuſe à laconduite des ames ?

Ce ſeroit encore pis ſi cette doctrine ſe repandoit dans le monde, & que le commun des Chreſtiens s'en fût laiſſé infecter. Car ſe commettant une infinité de pechez qu'on n'a point douté juſques icy qui ne fuſſent mortels, par des perſonnes que la tentation y fait tomber *ſans penſer actuellement à Dieu :* comme il y en a beaucoup dont on a de la peine à ſe confeſſer, parce qu'ils ſont honteux, cette nouvelle Theologie leur apprenant qu'ils ne ſont que veniels, ils ne ſe croiront point obligez de s'en confeſſer, & mourront ainſi dans l'impenitence.

ARTICLE VII.

Refutation de ce qui a été dit par les Jésuites de Louvain pour justifier leur These de Dijon.

IL ne me reste qu'à examiner ce que les Jésuites ont pu trouver de plus plausible pour appuyer ou justifier la These de leurs Peres de Dijon, lors qu'on leur en a fait reproche. Je l'ay déja rapporté, pour faire voir qu'ils ne se sont point effraiez d'une si étrange doctrine, & qu'ils se sont resolus de ne la point abandonner, mais de la défendre comme aiant été bien tirée de leurs principes. J'ay reservé de faire voir en ce lieu, que leur reponse est absurde & se contredit, qu'elle laisse dans toute sa force ce que nous venons de dire pour monstrer que la proposition de leur These est une heresie manifeste.

Ils pretendent la justifier en supposant qu'on peut ignorer sans peché qu'il y a un Dieu: *Encore*, disent ils, *que l'existence de Dieu puisse être demonstrée d'une maniere proportionnée à l'intelligence du peuple, il est vray neanmoins que non seulement elle n'est pas proprement connuë par elle-même à l'égard de nous, mais qu'il se peut faire qu'elle soit ignorée sans peché (inculpate) par ceux qui ne sont aidez que par les secours ordinaires*

naires de la grace. Voilà toute leur réponse.

Car c'est de là qu'ils concluent, que tant que cette hypothese de l'existence de Dieu ignorée sans peché ne pourra être renversée par ceux qu'ils appellent les *Persecuteurs de la doctrine du peché Philosophique enseignée en Bourgogne*, (*Philosophici persecutores in Burgundiam usque peccati*) ils ne sçauroient raisonnablement y trouver à redire. Voions donc s'il y a rien en cela qui les puisse justifier.

1. Que veulent ils dire, quand ils pretendent qu'un homme peut ignorer Dieu sans qu'il y ait en cela de la faute, quoy qu'il ait été prévenu par les secours ordinaires de la grace : *Fieri potest ut existentia Dei ignoretur inculpatè, ab homine ordinariis tantùm divinæ gratiæ auxiliis prævento.* Ils ne peuvent entendre par ses secours ordinaires de la grace, que ces graces suffisantes qu'ils donnent si liberalement à tous les hommes. Car ils pretendent que Dieu ne manque point à les leur donner quand elles leur sont necessaires pour satisfaire à leurs devoirs. Or le premier devoir de la creature raisonnable, est de connoître son Createur, de l'adorer & de le servir. Ceux donc qui sont prevenus des secours ordinaires de la grace, ont dû, selon leur Theologie Molinienne, avoir reçu celle qui les rendoit capables

 de

de satisfaire au plus important de leurs devoirs, qui est de connoître Dieu. Et par consequent ç'aura été par leur faute qu'ils ne l'auront pas connu, puisque ç'aura été en resistant à la grace suffisante qui leur avoit donné moien de le connoître.

2. L'homme aiant été créé pour connoître & servir Dieu, il n'est pas possible que sans peché il ait été privé de cette connoissance. De ce qu'il y a donc tant de peuples qui ont ignoré Dieu, & qui l'ignorent encore, c'est une suite & une preuve du peché originel, & par consequent on ne peut dire, sinon dans l'école de Pelage, que l'existence de Dieu puisse être ignorée *inculpatè*. Que si ce Jésuite de Louvain entend seulement par là qu'il y a des personnes qui faute d'instruction n'ont aucun moien humain de connoître Dieu, on le luy avoüera sans peine, comme il y en a aussi qui n'ont eu aucun moien humain de connoître une infinité de devoirs, contre lesquels neanmoins ils n'ont pû agir sans peché, ainsi que St. Augustin le suppose comme une verité constante en soûtenant la cause de l'Eglise contre les Pelagiéns. *Vous estes dans une grande erreur* (dit-il à Julien) si vous croiez qu'il n'y a point *de necessité de pécher, ou si vous ne comprenez pas que cette necessité est la peine du peché qui a été commis sans aucune necessité*, c'est à

Dans le dernier ouvrage contre Julien liv. 1. c. 105.

àdire la peine du peché d'Adam. *Pensez seulement combien on a besoin de travailler pour apprendre ce qu'il faut embrasser, & ce qu'il faut fuir pour bien vivre. Cependant ceux qui ne le sçavent pas, se trouvent par là dans la necessité de pecher. Car c'est une necessité que celui la péche qui ne sçachant pas ce qu'il est obligé de faire, fait ce qu'il est obligé de ne pas faire. C'est de ces pechez que David demandoit pardon à Dieu, quand il disoit : Ne vous souvenez point des pechez de ma jeunesse, ni de mes ignorances. Or si Dieu n'imputoit point ces sortes de péchez, ce fidelle serviteur ne l'auroit pas prié de les luy remettre.* Ainsi pour juger de la qualité des pechez de tant de peuples qui ont été privés de la connoissance du vray Dieu, il ne sert de rien de sçavoir, s'ils ont eu, ou s'ils n'ont pas eu des moiens humains pour le connoître. Car s'il en ont eu, leur ignorance a été un peché ; & s'ils n'en ont point eu, ç'a été une peine du peché. Et en l'un & l'autre cas on ne peut nier sans erreur qu'ils n'aient violé la loy de Dieu en faisant ce qu'elle défend, quoy qu'ils ne l'aient pas connue. On peut voir sur cela un tres-beau passage de St. Augustin dans sa lettre à Sixte. *Tout pecheur*, dit-il, *est sans excuse, aussi bien ceux qui n'ont* que *le peché de leur origine que ceux qui en ont ajoûte d'autres à celui-là par la malice de leur volonté propre, soit qu'ils aient été instruits ou non, soit qu'ils aient usé de discernement, ou qu'ils n'en aient pas usé. Car comme l'ignorance est sans doute un peché dans ceux qui n'ont pas voulu s'instruire, elle est la peine du peché dans ceux qui ne l'ont pu. Il n'y a donc point d'excuse legitime ni pour les uns ni pour les autres, & il n'y a pour tous qu'une juste condamnation.*

3. Mais pour faire voir d'une maniere encore plus convaincante que cette réponse des Jésuites de Louvain leur est tres inutile pour justifier leur These de Dijon, on n'a qu'à considerer que s'il y a des personnes qui aient manqué de moiens humains pour connoître Dieu, ç'a été sans doute tous les peuples de l'Amerique avant qu'on l'eust découverte. Voilà donc des mille millions de personnes, qui selon ces Jésuites n'auront jamais commis au plus que des pechez *Philosophiques*, dont Dieu n'étoit point offensé, & qui ne meritoient point de peine éternelle, lors même qu'ils mangeoient tout vivans leurs ennemis pris en guerre, par une cruauté tout à fait barbare. Si les Jésuites ne trouvent point qu'il y ait en cela d'inconvenient, on leur demande, ce que deviendront ces mille millions de personnes au jour du jugement. Pour retrancher tout ce qui pourroit souffrir la moindre difficulté, on ne parle point de

de ceux qui ſeroient morts avant l'uſage de raiſon, mais ſeulement de ceux qui auroient commis des pechez actuels. Ils ne les mettront pas à la droite de JESUS-CHRIST ; parce que tous ceux qui y ſeront iront joüir de la vie éternelle. Or on ne croit pas qu'ils ſoient aſſez hardis pour ouvrir le ciel à cette infinité de pecheurs qui auroient vécu dans une entiere ignorance de Dieu & de ſa loy, quelques crimes qu'ils euſſent commis. Ils ne les mettront pas auſſi à ſa gauche ; parce que tous ceux qui y ſeront iront au ſupplice éternel. *Et ibunt hi in ſupplicium æternum* Or ce ſeroit les traitter avec injuſtice, que de les condamner à un ſupplice que leurs pechez ne meritent point, de quelque nature qu'ils aient pu être, n'aiant été que *Philoſophiques.* Il faut donc qu'ils avoüent que leur nouvelle Theologie ne ſe peut ſoutenir qu'en renverſant les plus communes veritez de la Religion Chreſtienne que l'on apprend aux enfans dans leur Catechiſme.

4. Que ce ſoit par ſa faute ou ſans ſa faute qu'un homme ait ignoré qu'il y a un Dieu, cela ne fait rien du tout a la nouvelle Theologie des Jéſuites du péché *Philoſophique.* Car on y enſeigne expreſſement que tous les pechez contre la droite raiſon & contre l'honnêteté naturelle que commettent ceux qui ne penſent point actuellement à Dieu

en les commettant, *qui de Deo actu non cogitant*, ne ſont que des pechez Philoſophiques qui ne ſont point offenſes de Dieu, & ne meritent point la peine éternelle. Or tous ceux qui ne connoiſſent point Dieu, ſoit que ce ſoit par leur faute, ou non, ne penſent point à Dieu en commettant des pechez contre la droite raiſon, & l'honnêteté naturelle. Il eſt donc également certain des uns & des autres, ſelon leur Theſe de Dijon, que quelque debordée que ſoit leur vie, ils ne commettent que des pechez Philoſophiques, dont Dieu n'eſt point offenſé, & qui ne leur feront point ſouffrir la peine du feu éternelle.

5. Enfin les Caſuiſtes les plus hardis à inventer des opinions relâchées n'ont oſé aller ſi loing que ces Jéſuites de Dijon. Car quoy qu'ils aient ſoûtenu cet étrange excés, qu'on pouvoit être poſitivement athée, *invincibiliter & inculpatè* (car c'eſt parmi eux la même choſe) ils ne ſe ſont pas neanmoins aviſez de donner à ces athées, l'avantage qu'on leur a donné à Dijon : de ne pouvoir commettre en cet état que des pechez *Philoſophiques* incapables de les damner. On n'en peut deſirer de meilleure preuve que cet horrible cas de Caramuel, le plus hardi de tous les probabiliſtes; *Naſcitur Petrus, baptizatur, antequam loqui ſciat capitur à barbaris, in ſyl-*

sylvam inducitur, & Atheismum positivè docetur, ad usum rationis pervenit. Posse invincibiliter nescire Deum Theologi nobiliores affirmant. Moriatur igitur antequam ignoret vincibiliter Deum, & ALIQUOD COMMITTAT MORTALE. *Quo puerum D. Fagnanus mittit? Non ad infernum, quia originali ille & actuali mortifero caret. Ad cœlum ergo.* Il est necessaire, selon Caramuel, qu'afin que ce baptisé, positivement Athée, puisse être sauvé, il n'ait point commis d'autre peché mortel capable de le damner. Il suppose donc qu'il en peut commettre. Et c'est ce qui ne peut être, selon la nouvelle decouverte des Jésuites de Dijon. C'est donc en vain que ceux de Louvain pretendent, que pourvu qu'on leur laisse passer, ce qu'assure Caramuel quoy que mal à propos, qu'*Existentia Dei potest ignorari inculpatè*, leur doctrine du *peché Philosophique* doit passer pour bonne.

CONCLUSION.

Aux Reverends Peres Jéuites.

CE n'est pas, Mes Reverends Peres, pour decrier vôtre Compagnie, que l'on denonce à toute l'Eglise, & à tous les Princes Chrestiens, la nouvelle heresie que vous avez trouvé bon qui fût enseignée publiquement dans vôtre

College de Dijon, & soutenuë par vos Professeurs de Louvain contre ceux qui y trouvoient à redire.

C'est principalement afin d'empêcher qu'une si méchante doctrine, & si favorable aux impies & aux libertins, ne se repande dans le monde, & ne cause d'étranges desordres, & dans les mœurs des Chrestiens, & dans l'administration du Sacrement de la Penitence. Mais je vous proteste que c'est aussi pour rendre un service important à vôtre Societé en luy donnant occasion de detromper ceux qui croient qu'elle n'est pas assez humble pour se resoudre jamais à condamner sincerement & chrestiennement ce qui a été une fois enseigné dans ses écoles. Des gens de bien, qui ont de la peine sur cela, ne nient pas que ce qui est enseigné par un Jésuite ne soit souvent contredit par d'autres; mais ce qui leur fait avoir cette mauvaise opinion de vôtre Compagnie, est qu'ils ont remarqué, que quelques plaintes qu'on ait faites des pernicieux sentimens de vos Casuistes, & quelque soin qu'aient pris les Evêques d'en arrêter les mauvais effets par leurs censures, vous n'avez jamais pu gagner sur vous de donner un acte public par lequel il parust que vôtre corps les condamne dans vos auteurs mêmes, & qu'elle en porte le même jugement que les Prelats & les Facultez qui les ont censurés.

Voici

Voici mes Peres une occasion où vous pouvez vous faire honneur en faisant voir que vous estes presentement dans une disposition contraire à celle qu'on vous attribuë. La doctrine dont il s'agit est certainement horrible, & peut avoir de plus pernicieuses consequences, que celles qui firent tant crier il y a trente ans, & qui exciterent contre vous une si rude tempête. On ne l'a point été rechercher dans quelque livre obscur imprimé en cachete. On l'a trouvé dans une These de Theologie soûtenuë publiquement dans un de vos plus celebres Colleges de France ; & on sçait assez que ces Theses ne s'impriment point parmy vous sans être examinées & approuvées par vos Superieurs.

Elle n'est point tirée de cette These par des consequences dont on pourroit ne pas demeurer d'accord. Elle y est en propres termes, si clairs & si precis qu'il est impossible d'y donner un autre sens.

On s'en est plaint deux fois dans une des plus fameuses Universitez de l'Eglise, une fois sans vous nommer, & l'autre fois en vous nommant, pour garder autant qu'on a pu le même ordre que le Fils de Dieu a prescrit pour la correction fraternelle. Et loin de vous reconnoître, vous avez traité de *persecuteurs* ceux qui avoient eu la charité de vous avertir de vostre faute.

Il

Il ne restoit donc plus selon ce même endroit de l'Evangile, que de vous denoncer à l'Eglise : *Dic Ecclesiæ.* Et c'est ce que l'on fait par cet Ecrit.

On croit y avoir mis l'impieté de vôtre nouvelle Theologie dans un si grand jour, qu'il n'y aura point de Chrestien qui n'en soit blessé. Je n'en excepte pas les Sociniens. Car quoi qu'ils aient été assez impudens pour contredire grossierement l'Evangile en niant l'éternité des peines ; ce n'est pas en pretendant, comme vous, qu'il y a des pechez tres-énormes qui ne meritent pas d'être punis éternellement, mais c'est en niant l'immortalité de l'ame, & en soûtenant contre ce que dit expressement St. Paul dans les Actes qu'il n'y aura que les bons qui resusciteront, & que les méchans demeureront aneantis.

Vous ne sçauriez donc éviter que tout le monde ne se souleve dés qu'on sera averti que des Religieux ont souffert qu'on ait enseigné chez eux une nouveauté si profane & qui peut causer tant de ravages dans les mœurs des Chretiens, en faisant passer pour des pechez veniels & incapables de damner personne, les pechez les plus énormes, quand on les commet sans penser actuellement à Dieu : ce qui est une circonstance qui accompagne presque tous les crimes des pecheurs d'habitude, dont le nombre n'est que trop grand.

Vous

Vous vous flatterez peut-être, que voſtre credit arreſtera les plus zelez, & empêchera qu'on ne vous condamne, pour ne point faire de tort à l'honneur d'une Compagnie, dont la reputation, ſi on vous en croit, eſt neceſſaire à l'Egliſe.

Mais quand vôtre credit iroit juſques-là, & que vos intrigues fermeroient la bouche à ceux qui ſeroient le plus obligez de parler pour remedier à un tel ſcandale, vôtre Societé n'en ſeroit que plus diffamée parmy tous les gens de bien; puiſqu'ils auroient lieu de ſe la repreſenter comme la peſte de l'Egliſe, capable d'y cauſer de tres-grands maux, par la demangeaiſon qu'elle a de corrompre la Morale Chretienne par de méchantes opinions dont celle-cy ſemble être le comble: & incapable d'être arrêtée dans cette licence par la crainte du châtiment; parce qu'elle s'eſt renduë ſi formidable par ſon credit, ſes richeſſes, & ſon étenduë, qu'on croit toujours avoir raiſon de la menager, de peur que ſi on la traitoit comme le meritent ſes excés, elle ne fit encore pis. C'eſt aſſurement la penſée qu'on auroit de vous, ſi vôtre caballe étoit aſſez forte pour empêcher la condamnation d'un ſi deteſtable paradoxe.

Croiez-moy donc, Mes Reverends Peres, ce n'eſt point là le parti que vous

vous devez prendre, ni pour vôtre honneur, ni pour vôtre conſcience. Le ſeul qui reſte à vôtre Societé pour aſſurer l'un & l'autre, eſt d'édifier l'Egliſe en condamnant elle-même une doctrine ſi impie, enſeignée chez elle, & en reconnoiſſant publiquement qu'on a eu grand tort de ſouffrir qu'on l'y enſeignaſt.

Mais afin qu'on ne doute point que ce deſaveu ne ſoit ſincere, il faut que vous alliez juſques à la ſource du mal, & que vous ſouſcriviez à cette maxime du droit canonique fondée ſur l'Ecriture & ſur la Tradition : *Ignorantia juris naturalis omnibus adultis damnabilis eſt.* Car tant que vous demeurerez opiniatrément attachez à cette erreur de vos Caſuiſtes : Que quoy que l'on faſſe on ne péche point ſi on ne connoît qu'il y a du mal en ce que l'on fait ; vos Theologiens de Dijon ſe trouveront bien fondez de ſoûtenir, qu'un pèché contre la droite raiſon n'eſt point une offenſe de Dieu, ſi on ne connoît en le commettant qu'il eſt offenſe de Dieu, ce qui ne peut être quand on ne connoît pas Dieu ou qu'on ne penſe point à Dieu.

Vous ne pouvez donc, Mes Reverends Peres, condamner ſincerement vôtre Theſe de Dijon, ſi vous n'en condamnez le principe. Or cette Thſee contenant certainement une nouvelle hereſie ; vous ne pouvez vous diſpenſer de de la condamner, sans attirer sur vous l'indignation de tous ceux qui ont de la Religion, & du zele pour les veritez Chrestiennes. Faites donc l'un & l'autre si vous aîmez l'honneur de vôtre Societé, & votre propre salut.

On ne vous donneroit pas ce conseil, si on n'avoit de la charité pour vous. Car si on haïssoit votre Compagnie on seroit porté à souhaiter qu'elle fit tout le contraire, parce que rien ne pourroit plus nuire à sa reputation. Mais parce qu'on l'aime chrestiennement, on prie Dieu qu'il luy ouvre les yeux pour reconnoître la verité opposée à ces deux erreurs, & le cœur pour se rendre à cet excellent avis de St. Augustin : *Istam doctrinam in divinis eloquiis manifestam (Societas) manifestè fateatur : seque contra sensisse non operiat impudentissimo pudore, sed dolore saluberrimo aperiat, ut sancta Ecclesia non turbetur pervicaci ejus obstinatione, sed veraci correctione lætetur.* *De Grat. Christi cap. 26.*

THESES THEOLOGICÆ

DE PECCATIS.

1. PEccatum Philosophicum seu Morale est actus humanus disconveniens naturæ rationali & rectæ rationi. Theologicum verò & mortale est transgressio

gressio libera divinæ legis. Philosophicum, quantumvis grave, in illo qui Deum vel ignorat, vel de Deo actu non cogitat, est grave peccatum, sed non est offensa Dei, neque peccatum mortale dissolvens amicitiam Dei, neque æternâ pœnâ dignum.

II. Distinctio specifica Metaphysica peccatorum petitur ex diversa ratione turpitudinis moralis, seu disconvenientiæ cum objecto, fine, & circonstantiis in ordine ad naturam rationalem spectatis; moralis verò ex oppositione cum eadem vel diversa virtute. Peccata omnia non sunt inter se connexa, nec æqualia; sed aliqua sunt aliis tum specie tum numero graviora.

III. Malitia peccati commissionis non consistit formaliter in privatione rectitudinis debitæ actui tantùm, nec in privatione rectitudinis debitæ potentiæ tantùm, nec in privatione rectitudinis debitæ aliquando potentiæ, aliquando actui, nec in privatione perfectionis congruæ, aut Dei ut finis ultimi gratiæ aut gloriæ aut habituum supernaturalium.

IV. Malitia peccati commissionis consistit formaliter in positivo, seu in positiva disconvenientia cum natura rationali & recta ratione, vel lege divina, non verò partim in positivo, partim in privativo. Peccatum omissionis non potest dari sine aliquo actu positivo, qui

qui ſit cauſa vel occaſio, non ſolum moraliter, ſed etiam phyſicè & metaphyſicè.

V. Dantur peccata mortalia & venialia, quæ non ſolum ex conditione perſonæ peccantis, vel ſolâ Dei voluntate, ut volunt Calvinus & Lutherus, ſed etiam ex natura rei differunt. Mortale autem in hoc diſtinguitur præcipuè à veniali, quod mortale ex natura ſua eſt notabilis receſſus à ratione & lege Dei, gravis Dei offenſa diſſolvens amicitiam divinam, non verò veniale.

VI. Deformitas peccati mortalis conſiſtit in eo, quod per ipſum Deus graviter offenditur, & virtualiter quodammodo, ut formaliter contemnitur. Ad peccatum mortale requiritur materia gravis, quantitas notabilis, plena intellectûs advertentia, & plenus voluntatis conſenſus. Malitia peccati mortalis non eſt infinita moraliter intrinſecè ſimpliciter, ſed extrinſecè tantum, & objectivè & ſecundum quid.

VII. Peccatum veniale eſt peccatum, quod leviter tantùm Deum offendit, nec mortem ſpiritualem affert animæ, nec æternâ pœnâ per ſe punitur, ſed privat hominem gratia efficaci & congrua, fervore charitatis, Dei timore, & inclinatione ad ſequendam rationem & legem. Semper eſt diſpoſitio ad peccatum mortale. Ex multis venialibus non poteſt fieri unum mortale le formaliter, vel æquivalenter, nisi illorum materiæ vel effectus moraliter continuentur, & in unum coalescant.

VIII. Peccatum habituale non est habitus vitiosus relictus ex peccato actuali, neque ordinatio tantum ad pœnam, neque complacentia habitualis in peccato præterito, aut propensio habitualis ad peccatum, neque privatio gratiæ, sed est peccatum actuale physicè præteritum, moraliter perseverans in ordine ad reddendum hominem rationaliter Deo exosum, donec condonetur, aut condigna ejus satisfactio exhibeatur & acceptetur.

Has Theses, Deo duce, & auspice Deiparâ propugnabit Stephanus Bougot. *In Aula majore Collegii* Divio-Godranii *Societatis Jesu die Junii* 1686. *matutinis ac serotinis Scholæ horis.*

DIVIONE, Apud *Joannem Ressayre* Typographum & Bibliopolam.

TABLE

TABLE
DES ARTICLES.

FIN.

www.ingramcontent.com/pod-product-compliance
Ingram Content Group UK Ltd.
Pitfield, Milton Keynes, MK11 3LW, UK
UKHW020550180726
13838UKWH00001B/153